Marc Stollreiter

Aufschieberitis dauerhaft kurieren

W0046856

Marc Stollreiter

Aufschieberitis dauerhaft kurieren

Wie Sie sich selbst führen und Zeit gewinnen

mvg Verlag

Bibliografische Information Der Deutschen Bibliothek
Die Deutsche Bibliothek verzeichnet diese Publikation in der Deutschen
Nationalbibliografie; detaillierte bibliografische Daten sind im Internet
über http://dnb.ddb.de abrufbar.

Umschlaggestaltung: coverdesign uhlig gmbh, Augsburg
Satz: FTL Kinateder, Kaufbeuren
Cartoons: Erik Bauer, Reisenberg/Österreich
Druck und Bindearbeiten: Ebner & Spiegel, Ulm
Printed in Germany 08330/020301
ISBN 3-478-08330-3

Inhaltsverzeichnis

Danksagung

Bedanken möchte ich mich bei Eva Stollreiter für die germanistisch-akribischen Hinweise und bei Manfred Stollreiter für die mit dem Leser mitfühlenden Anregungen. Meinem treuen persönlichen Berater TG danke ich für sein Engagement – nicht nur bei diesem Buch. Konzeptionell hat dieses Buch insbesondere durch die Einfälle des Personalentwicklers Dipl.-Ing. Anton Durdik profitiert.

Aufschieberitis

Warte nie, bis du Zeit hast.
Deutsches Sprichwort

Praktisch jeder Mensch erliegt zuweilen den Verführungen seines „inneren Schweinehundes": Man schiebt Dinge vor sich her. Die entscheidende Frage ist, wie das Verhältnis aus aktiver Lebensführung und passivem Sich-vom-Schweinehund-führen-Lassen im Einzelnen aussieht: Sind Sie es, der den Schweinehund Gassi führt? Oder führt vielmehr er Sie an der Hundeleine durchs Leben, indem er Sie dazu veranlasst, genau die Vorhaben auf die lange Bank zu schieben, die entscheidend zu Ihrem Lebensglück beitragen würden? Vielleicht gilt dies weniger für Ihr Berufsleben, weil Sie dort starkem Druck von außen ausgesetzt sind. Die Nagelprobe bildet hingegen zumeist das Privatleben, insbesondere die Gesundheit. Hier wirkt kein äußerer Zwang, sondern es liegt einzig an Ihnen, für Ihre Gesundheit zu sorgen.

Die Aufschieberitis erzeugt eine immer größere Bugwelle der Unzufriedenheit, gegen die anzukämpfen zusehends mehr Energie kostet, je länger dieser Zustand andauert. Als typische aufgeschobene Aufgaben fallen meinen Seminarteilnehmern normalerweise zuerst solche ein, die der „Erhaltungs-Aufschieberitis" zuzuordnen sind. Aufgaben also, die den aktuellen Status aufrecht*erhalten* sollen: Reisekostenab-rechnung erstellen, Fahrtenbuch führen, Arzttermine wahrnehmen, Haus- und Gartenarbeiten erledigen, Berichte anfertigen, Ablage machen, Rechnungen einzahlen und so weiter und so fort. Kommt Ihnen das eine oder andere bekannt vor?

Den Rasen nicht zu mähen oder zu spät ins Bett zu gehen sind nun aber noch die (vergleichsweise) harmlosen Varianten. Haben nicht auch Sie schon Dinge vor sich hergeschoben, die eigentlich keinen oder nur wenig Aufschub erlauben (Zeit mit den Kindern verbringen, Konflikte im Team ansprechen, seine Top-Kunden pflegen, sich weiterbilden ...)? Wenn das der Fall sein sollte, dann leiden Sie unter der „Entwicklungs-Aufschieberitis". Denn eben diese Dinge würden entscheidend zur *Verbesserung* Ihrer Lebensqualität und beruflichen Karriere beitragen! Es geht also in diesem Buch um nicht weniger als darum, dass Sie das einzige Leben, das Sie haben, so gestalten, wie Sie es gestalten wollen. Es geht um Ihre Lebensqualität!

Aufschieben und Verschieben

Aufschieben	Verschieben
• Keine Überlegungen bezüglich Prioritäten, keine Terminisierung („irgendwann einmal")	• Vorgehen nach klaren Prioritäten und festgelegten Terminen
• Abwarten, ohne zu entscheiden oder sich festzulegen	• Treffen klarer Entscheidungen und ergebnisbezogenes Vorgehen
• Ausreden sich selbst oder anderen gegenüber, ohne Verantwortung zu übernehmen; Suche der Schuld bei äußeren Umständen	• Übernahme von Verantwortung bezüglich der Entscheidungen bzw. des Handelns
• Fehlende Entschlossenheit, fehlendes Wollen, rasche Resignation bei Problemen	• Aufbau von Commitment und Entschlossenheit; Bereitschaft, Widerstände und Probleme aktiv aufzugreifen
• Innere (unbewusste?) Ablehnung	• Klarheit bezüglich der Motive

Solange ein Tag nur 24 Stunden hat, wird es immer wieder vorkommen, dass Sie Ihren Tages- oder Wochenplan umstoßen, weil unerwartete wichtige Umstände eintreten. Dadurch verschieben sich weniger bedeutsame Dinge im Zeitplan nach hinten. Beim Verschieben halten Sie sich also an die Prioritäten. Aufschieben hingegen kann darin bestehen:

- eine unwesentliche Sache zwar *zu Recht* liegen zu lassen, aber sich niemals bewusst dazu *entschlossen* zu haben. Zum Beispiel könnten Sie anlässlich Ihrer silbernen Hochzeit ein schlechtes Gewissen haben, weil Sie die Hochzeitsfotos bis heute nicht eingeklebt haben – obwohl Sie sage und schreibe 25 Jahre dazu Zeit gehabt hätten. In solchen Fällen haben Sie es mit der „Entscheidungs-Aufschieberitis" zu tun.

- belanglosen Dingen nachzugehen (oder gar nichts zu tun) anstatt Aufgaben zu erledigen, von denen Sie wissen, dass es sich um Ihre Prioritäten handelt (zum Beispiel E-Mails beantworten statt ein Projekt zum Abschluss zu bringen). Dieses Beispiel steht stellvertretend für die „Handlungs-Aufschieberitis".

- zwar unwichtige, aber *unumgängliche* Dinge nicht hinter sich zu bringen, sodass zum Beispiel zu Ostern der Weihnachtsbaum noch immer in Ihrem Wohnzimmer steht. Dadurch bekommen diese angeblich so unwichtigen Dinge *in der Summe* einen Stellenwert, den Sie ihnen eigentlich nicht zubilligen!

Es ist ein Fall von *Verschieben*, wenn Sie nicht die Zeit finden, Ihre CD-Sammlung zu katalogisieren. Verschieben deshalb, weil es ein bis zwei Dinge im Leben gibt, die noch wichtiger sind als CDs zu katalogisieren. Es ist ein Fall von *Aufschieben*, wenn Sie ein Jahr lang nicht zum Zahnarzt gehen – selbst wenn Sie keine Schmerzen plagen. Denn während des letzten Jahres haben Sie mit Sicherheit viele andere Dinge getan, die wesentlich unwichtiger waren.

Übung: Die Watchlist

Erstellen Sie bitte eine Liste von fünf bis sieben aufgeschobenen Dingen. Darunter sollten sich sowohl große Brocken als auch Kleinigkeiten befinden.

Was ich in letzter Zeit aufgeschoben habe
1.
2.
3.
4.
5.
6.
7.

Behalten Sie diese Liste während der Lektüre dieses darauf an.

Der Mañana-Test

Nachdem Sie den Unterschied zwischen Verschieben und Aufschieben kennen, gibt Ihnen der Mañana-Test detailliert darüber Aufschluss, woher Ihre Anfälligkeit für die Attacken des inneren Schweinehundes eigentlich rührt. Daraufhin werden Sie zahlreiche Praxistipps kennen lernen, die schon vielen Menschen geholfen haben, künftig besser für die Angriffe des Schweinehundes gewappnet zu sein.

Wie funktioniert der Test? Beantworten Sie die vorgegebenen Fragen. In das Feld Ihrer Antwort tragen sie eine „1" ein. Die Summen der einzelnen Spalten werden mit der dazugehörenden Gewichtung multipliziert. Die Zwischensummen addieren, das ergibt die Gesamtsumme der einzelnen Tests.

! Betrachten Sie bitte die Kategorisierung in die Mañana-Typen als Veranschaulichung. Keinesfalls will ich damit Fatalismus erzeugen; natürlich wird keine Schublade einem Menschen gerecht. Selbstverständlich ist auch, dass die Mañana-Eigenschaften vollkommen unproblematisch sein können, wenn jemand in einem Team seinem Naturell gemäß eingesetzt wird[*] oder ganz einfach trotz Aufschieberitis und weniger erreichter Ziele ein zufriedener Mensch ist.

---

[*] Zusammenfassung auf Seite 133

Der Mañana-Test

		(fast) nie	selten	teils, teils	häufig	regel-mäßig
1	Wenn ich meine Arbeit beurteile, neige ich dazu, sie entweder sehr gut oder sehr schlecht zu finden.					
2	Fehler sind mir peinlich und es fällt mir schwer, sie vor anderen zuzugeben.					
3	Es belastet mich, wenn die Arbeit, die ich abliefere, einmal nicht besser ist als die der Kollegen/innen.					
4	Es fällt mir schwer, mit meiner Leistung zufrieden zu sein.					
5	Ich schließe eine Arbeit nur ungern ab, solange sie noch nicht einwandfrei ist.					
6	Ich versuche, alle Arbeiten mit derselben Sorgfalt zu erledigen.					
7	Ich lege viel Wert darauf, mich auch mit Details auseinander zu setzen, um die sich andere Menschen wenig kümmern.					
8	Es fällt mir schwer, über mich selbst zu lachen, wenn ich in Schwierigkeiten gerate.					
9	Wenn ich etwas anpacke, mache ich es entweder richtig oder gar nicht.					
10	Ich delegiere Dinge nicht, weil ich annehme, dass sie nicht gründlich genug erledigt werden.					
	Gewichtung	x0	x1	x2	x3	x4
	Zwischensumme					
	Gesamtsumme „Makelloser"					

Der Mañana-Test *(Fortsetzung)*

		(fast) nie	selten	teils, teils	häufig	regel- mäßig
11	Meine Arbeitsdevise lautet „no risk no fun".					
12	Ich arbeite an vielen Dingen zugleich.					
13	Wenn ich mit der Zeit in Verzug bin, lege ich Überstunden oder sogar eine „Nachtschicht" ein.					
14	Ich sehe lieber zu, dass ich mit der Arbeit vorankomme, anstatt mich hinzusetzen, um meine Aktivitäten zu planen.					
15	Ich lebe in der Sorge, dass mir die Arbeit über den Kopf wächst.					
16	Dinge, die nur langsam vonstatten gehen, kosten mich viele Nerven.					
17	Ich erledige Aufgaben gerne auf den letzten Drücker, weil ich so am besten arbeite.					
18	Eine große Zahl erledigter Sachen am Ende des Tages gibt mir ein Gefühl von Produktivität.					
19	Ich kann mich schwer konzentrieren, weil ich geistig mit anderen Dingen beschäftigt bin oder an vielen Dingen zugleich arbeite.					
20	Ich komme nicht zu den eigentlich wichtigen Dingen, weil ich bereits mit dem Dringlichen voll ausgelastet bin.					
	Gewichtung	x0	x1	x2	x3	x4
	Zwischensumme					
	Gesamtsumme „Aktionist"					

Der Mañana-Test *(Fortsetzung)*

		(fast) nie	selten	teils, teils	häufig	regel- mäßig
21	Ich zögere, bevor ich komplexe oder stressige Aufgaben wirklich anpacke.					
22	Ich beginne Dinge nicht, weil mir immer wieder ein „Was ist, wenn?" einfällt.					
23	Ich treffe Entscheidungen nicht, weil ich befürchte, dass sie sich im Nachhinein als falsch herausstellen könnten.					
24	Ich hole mir vorsichtshalber die Meinung anderer Personen ein, bevor ich zur Tat schreite.					
25	Ich lasse Aufgaben liegen, weil ich nicht sicher bin, ob ich mit den damit verbundenen Problemen fertig werde.					
26	Wahrscheinlich investiere ich zu viel Zeit in die Planung, um auf alles vorbereitet zu sein, und verzögere dadurch den Beginn.					
27	Es verunsichert mich, wenn andere meine Entscheidungen oder Vorgehensweise anzweifeln.					
28	Ich befürchte, dass mir die Arbeit über den Kopf wachsen könnte.					
29	Ich schrecke vor Aufgaben zurück, bei denen ich nicht abschätzen kann, was auf mich zukommt.					
30	Es fällt mir schwer, mit schwierigen Tätigkeiten zu beginnen, solange ich nicht weiß, wo ich anfangen soll.					
	Gewichtung	x0	x1	x2	x3	x4
	Zwischensumme					
	Gesamtsumme „Nachdenker"					

Der Mañana-Test *(Fortsetzung)*

		(fast) nie	selten	teils, teils	häufig	regel- mäßig
31	Ich wünschte, ich müsste mich nicht mit Routineaufgaben herumschlagen.					
32	Meine Stärken liegen im konzeptionellen Bereich. Die Umsetzung meiner Ideen überlasse ich lieber anderen.					
33	Wenn ich Zeit habe, fange ich etwas Neues an, anstatt noch offene Projekte abzuschließen.					
34	Um gewisse unangenehme Aufgaben in Angriff nehmen zu können, muss ich in der richtigen Verfassung sein.					
35	Ich habe sehr viele Ziele und komme gar nicht dazu, sie alle umzusetzen.					
36	Ich weiche von vorher gefassten Plänen ab, wenn mir etwas in den Sinn kommt, worauf ich im Augenblick viel mehr Lust habe.					
37	Ich wundere mich (sinngemäß): „Das kann doch nicht so schwierig sein!", wenn mir Kleinigkeiten schwer von der Hand gehen.					
38	Wenn ich eine schwierige Aufgabe vor mir habe, warte ich auf eine günstige Gelegenheit, um damit zu beginnen.					
39	Ich brauche mich weniger anzustrengen als andere Leute, um dasselbe zu erreichen wie sie (z.B. wegen meiner Begabung).					
40	Ich bin überzeugt, dass Arbeit Spaß machen muss, damit sie gelingt.					
Gewichtung		x0	x1	x2	x3	x4
Zwischensumme						
Gesamtsumme „Abgehobener"						

23

Der Mañana-Test *(Fortsetzung)*

		(fast) nie	selten	teils, teils	häufig	regel- mäßig
41	Die Zielvorgaben, die ich bekomme, empfinde ich als ungerechtfertigt hoch.					
42	Ich halte zugesagte Termine zum Teil nicht ein, aber nur deshalb, weil ich so viel anderes um die Ohren habe.					
43	Ich mag es nicht, wenn ich anderen gegenüber begründen soll, weshalb ich etwas so und nicht anders mache.					
44	Gerechte Arbeitsaufteilung ist mir sehr wichtig. Ich sehe nicht ein, weshalb ich mehr tun soll als andere.					
45	So richtig gut kann ich nur an Aufgaben arbeiten, die ich mir selbst ausgesucht habe.					
46	Bei unangenehmen Tätigkeiten warte ich gerne, bis sie sich von selbst erledigt haben.					
47	Ich kann es nicht leiden, wenn ich unerwartet Aufgaben delegiert bekomme.					
48	Meine Arbeitsleistung und -belastung werden von anderen oft unterschätzt.					
49	Ich mag es nicht gerne, wenn andere mir ungefragt Ratschläge erteilen.					
50	Am liebsten würde ich ganz für mich allein arbeiten, ohne Vorgaben und Kontrolle von außen.					
	Gewichtung	x0	x1	x2	x3	x4
	Zwischensumme					
	Gesamtsumme „Neinsager"					

Der Mañana-Test *(Fortsetzung)*

		(fast) nie	selten	teils, teils	häufig	regelmäßig
51	Wenn ich für mich wichtige Dinge nicht erledige, dann nur deshalb, weil ich mit einer Menge Kleinkram eingedeckt bin.					
52	Ich halte es nicht aus, eine Arbeit über Nacht liegen zu lassen.					
53	Ich lasse mich durch die Probleme, die andere an mich herantragen, von meinen eigentlichen Aufgaben abhalten.					
54	Ich bitte andere nicht gerne um Hilfe, weil ich niemanden ausnutzen oder nicht zur Last fallen will.					
55	Wenn ich mir frei nehme oder einfach nichts tue, habe ich ein schlechtes Gewissen.					
56	Ich mache Überstunden, auch wenn ich schon ziemlich geschafft bin und fürchte, dass nicht mehr viel dabei herauskommen wird.					
57	Ich sage nicht Nein, weil ich mich bei meinen Mitmenschen nicht unbeliebt machen will.					
58	Ich lasse mir Arbeiten aufhalsen, obwohl ich bereits überlastet bin.					
59	Lob und Anerkennung von anderen Leuten sind mir sehr wichtig.					
60	Ich lasse Bemerkungen darüber fallen, wie viel ich um die Ohren habe.					
	Gewichtung	**x0**	**x1**	**x2**	**x3**	**x4**
	Zwischensumme					
	Gesamtsumme „Angepasster"					

Auswertung

1. <u>Übertragen Sie die Gesamtsummen</u> der 6 Untertests in das folgende Diagramm. Verbinden Sie die 6 Punkte und erstellen Sie damit Ihre persönliches Aufschieberitis-Profil.

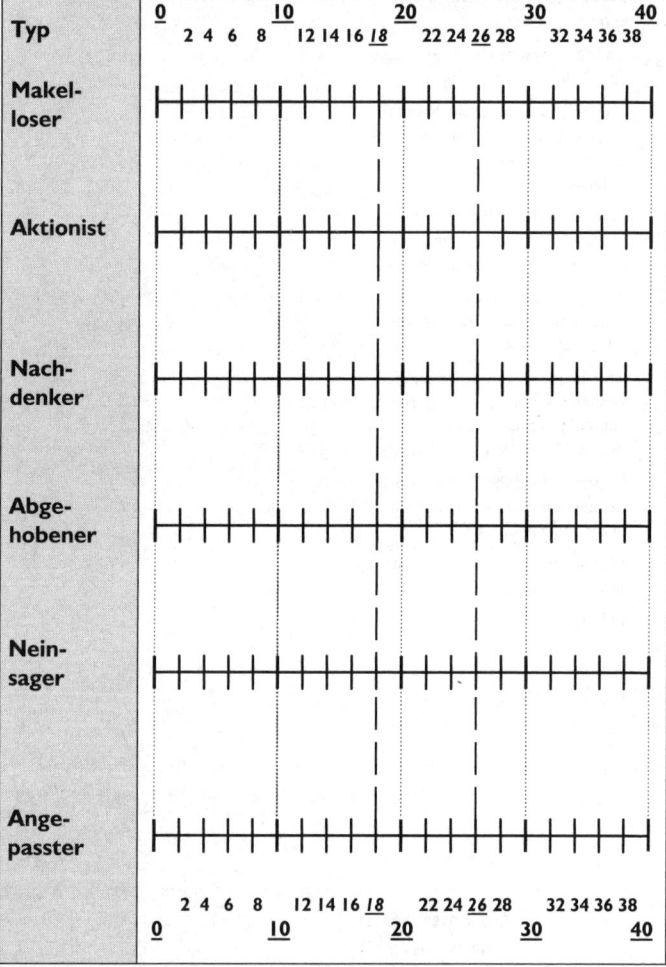

Anstelle einer Interpretation

Ich lade Sie ein, sich selbst zu überlegen, welche Ausreden von welchem Schweinehund der sechs Aufschiebe-Typen besonders gerne verwendet werden.

Beispiel: Keller aufräumen		
	Mañana-Typ	Ausrede des inneren Schweinehundes
1.	Ihr Tipp:	„Ja klar, den Keller räume ich auf. Aber im Augenblick habe ich keine Zeit. Ich habe ja noch *so viel anderes* zu tun. Aber sobald ich fertig bin, mache ich mich gleich ans Werk!"
2.	Ihr Tipp:	„Den Keller aufräumen? So *dringend* ist das noch gar nicht! Außerdem ist mir das viel zu *langweilig*!"
3.	Ihr Tipp:	„Wer weiß, was da auf mich zukommt, wenn ich mir den Keller genauer anschaue. Das ist vielleicht wie ein Stich ins Wespennest und ich komme vom Hundertsten ins Tausendste!"

27

4.	Ihr Tipp:	„Ja, ja, natürlich räume ich den Keller auf. Aber nicht heute! Ich möchte mir meine Zeit schon *selbst* einteilen und entscheiden, wann ich den Keller aufräume!"
5.	Ihr Tipp:	„Keller aufräumen ist nicht mein Ding. Und überhaupt – warum muss *ich* mich eigentlich mit solch *niederen Arbeiten* herumschlagen?!"
6.	Ihr Tipp:	„Wenn ich den Keller aufräume, dann *richtig*. Und um das zu tun, brauchte ich mindestens ein ganzes Wochenende. So viel Zeit habe ich weiß Gott nicht!"

Jedem der sechs Mañana-Typen ist ein eigenes Kapitel gewidmet. Sie können dadurch Ihre Lektüre ganz besonders auf jene Typen konzentrieren, die bei Ihnen besonders markant sind, wobei die meisten von uns „Promenadenmischungen" sind. Es lohnt sich in jedem Fall, dass Sie das Buch im Ganzen lesen.

Die vordergründigen Vorteile

Sommer ist die Zeit, in der es zu heiß ist, um das zu tun,
wozu es im Winter zu kalt war.
Mark Twain

Kurzfristig ist es immer leichter, sich Ausreden dafür einfallen zu lassen, etwas nicht zu tun, als die guten Gründe zu respektieren, die dafür sprechen, dieselbe Sache anzupacken. Doch letztlich ist anpacken leichter als aufschieben. Wie kommt es eigentlich, dass die Aufschieberitis trotzdem eine so hartnäckige Gewohnheit ist? Dafür gibt es mehrere Gründe, die alle eins miteinander gemein haben – nämlich dass der Aufschiebende *kurzfristig* oder *zufällig* gewinnt!

Der Gewinn kann darin bestehend, dass Sie:

- sich unmittelbar nach dem Aufschieben ganz einfach erleichtert fühlen;
- nach einiger Zeit Informationen, Methoden oder sonstige Hilfestellungen erhalten, die Ihnen die Arbeit erleichtern;
- feststellen, dass Ihre ursprüngliche (rechtzeitige) Entscheidung falsch gewesen wäre;
- anderen von Ihren Schwierigkeiten erzählen und sich dadurch Mitgefühl erheischen;
- niemand mehr auf die Sache anspricht und Sie sich somit Arbeit erspart haben.

Wovon der Mensch profitiert, das tut er öfter. Leider bevorzugen viele Menschen leicht zu bekommende, kurzfristige Belohnungen gegenüber solchen, die mit einer gesunden Portion Einsatz verbunden sind oder erst langfristig eintreten.

Außer diesen genannten Vorteilen ist einer der häufigsten Gründe für Aufschieberitis die falsche Hoffnung, irgendetwas könne sich wunderbarerweise so ändern, dass Ihnen das Erledigen Ihrer Aufgaben plötzlich leichter fällt. Wenn Sie etwas aufschieben, dann oft in der irrigen Annahme, morgen sei der günstigere Tag oder Sie seien ein anderer Mensch.

Sie ersetzen damit Ihre Vernunft durch Hoffnung. Geben Sie sich nicht länger falschen Hoffnungen hin, sondern ändern Sie etwas in Ihrer Art zu denken oder zu handeln. Unbegründetes positives Denken bringt Sie nicht weiter. Natürlich kann es Ihnen gelingen, morgen ein besserer Mensch zu sein. Aber auch für die Erreichung dieses Ziels sollten Sie spätestens heute etwas tun.

Eigenen Ressourcen aktivieren

Bevor ich Sie mit Praxistipps überhäufe, die anderen Menschen geholfen haben, sollten Sie sich Ihrer *eigenen* Möglichkeiten noch bewusster werden. Nehmen Sie sich für die folgenden Fragen ausführlich Zeit, notieren Sie Ihre Antworten und gehen Sie erst zur nächsten Frage über, wenn Sie die vorherige beantwortet haben:

1. Niemand schiebt immer alles auf. In welchen Situationen sind Sie am tatkräftigsten – und wenn Ihnen der Unterschied gegenüber jenen Situationen, in denen Sie nicht besonders tatkräftig sind, auch noch so unbedeutend vorkommen mag? Was macht den *Unterschied* zu jenen Situationen aus, in denen Sie aufschieben? Würden Sie andere Leute fragen, was würden diese sagen, dass Sie anders machen (Gedanken oder Verhalten), wenn Sie am tatkräftigsten sind?

2. Wann in der Vergangenheit – möglicherweise liegt es Jahre zurück – ist es Ihnen am besten gelungen, die Dinge nach Ihren Vorstellungen anzupacken? Was haben Sie damals anders gemacht oder gedacht als heute?

3. Nun zu jenen Bereichen, in denen Sie am meisten aufschieben: Wie kommt es, dass Sie dort nicht noch mehr aufschieben? Was müssten Sie tun, um buchstäblich *alles* liegen zu lassen? Wie schaffen Sie es, zumindest das zu tun, was Sie tun?

4. Auf einer Skala von 0 bis 100: Wie hoch stufen Sie Ihre augenblickliche Tatkraft ein? Nun da Ihnen die Unterschiede bewusst sind: Was können Sie *tun,* um sich um 2 Punkte auf dieser Skala zu verbessern? Was können Sie heute wieder unternehmen, um an Ihre vergangenen Erfolge anzuknüpfen? Welches ist der erste Schritt? Was tun Sie als Nächstes?

DIE Basisübung (Rubikon-Übung)

Wenn Sie den Eindruck haben, schon längst zu wissen, was Sie eigentlich tun sollten, aber es dennoch nicht schaffen – was hindert Sie dann normalerweise daran, dieses Wissen zu nutzen? Antwort: unangenehme Gefühle, denen Sie ausweichen!

> Menschen haben keine Angst vor Tatsachen,
> sie haben Angst vor unangenehmen Gefühlen!

Die Stimme der inneren Weisheit wird besonders von Ängsten übertüncht. Der Neinsager hat Angst vor dem Gefühl des Freiheitsverlusts, der Abgehobene vor Anstrengung, der Nachdenker vor Unsicherheit. Auch der Schweinehund kann uns nur etwas anhaben, weil wir ihn fürchten. Wenn Sie ihm unverhohlen ins Gesicht sehen, verliert er seine Macht. Genauso ist es bei jedem anderen unangenehmen Gefühl.

Nutzen Sie die Stimme der inneren Weisheit. In ihr ist Ihr gesammeltes Wissen repräsentiert, auch jenes, das durch dieses Buch hinzukommt oder wachgerufen wird. Dazu bildet die folgende Übung die Basis:

1. Identifizieren Sie eine Situation, in der negative Gefühle Sie bislang davon abgehalten haben, das zu tun, wovon Sie „eigentlich" wissen, dass es gut und richtig für Sie wäre.
2. Schließen Sie die Augen und stellen Sie sich die Situation ganz lebendig vor: Was sehen, hören, riechen Sie?
3. Wahrnehmen: Registrieren Sie Ihre körperlichen Veränderungen: Was fühlen Sie, wenn Sie darangehen möchten, die Sache zu beginnen? (Z.B. ein beklemmendes Gefühl in der Brust, ein Brett vorm Kopf, zusammengebissene Zähne usw.)
4. Gehen Sie mit Ihrer Aufmerksamkeit bewusst in dieses Gefühl und die betroffenen Körperregionen hinein, konfrontieren Sie sich damit.
5. Achten Sie während der ganzen Zeit über, aber insbesondere *jetzt*, auf Ihren Atem.

6. Akzeptieren: Steigern Sie sich weder in das Gefühl hinein und *versuchen Sie auch nicht, sich zu entspannen* – das würde wiederum Flucht bedeuten. Nehmen Sie *sich* mit dem Gefühl so an, wie Sie sind. Während Sie sich weiter auf das Gefühl konzentrieren, sprechen Sie wertschätzend zu sich: „Es ist in Ordnung so!", „Ich darf lustlos/ängstlich/trotzig ... sein." Wählen Sie außerdem ein Bild, das Ihre Selbstakzeptanz symbolisiert: Nehmen Sie sich selbst gedanklich in den Arm, legen Sie sich einen Arm um Ihre Schulter. Die körperlichen Begleiterscheinungen sollen erhalten bleiben. Es geht *nicht* um Entspannung. Im Gegenteil: Sobald Sie sich erleichtert fühlen, stellen Sie sich wieder bewusst die Situation vor, atmen und akzeptieren Sie.

Bei besonders verfestigten Gewohnheiten gilt es, diese Übung öfter zu wiederholen. Woran werden Sie erkennen, dass die Übung gefruchtet hat? Daran, dass sich beim Gedanken an die Situation bzw. in der Situation selbst kein unangenehmes Gefühl mehr einstellt.

Situationsbeispiele für:

Makellose: Sie stecken bis über beide Ohren in Arbeit und delegieren deswegen das Erstellen einer Präsentation – Ihnen ist dabei *unwohl* zumute, weil Sie das Risiko eingehen, dass die Präsentation nicht hundertprozentig Ihren Vorstellungen entsprechen wird.

Aktionisten: Sie können sich vorstellen: Sie machen sich voller *Langeweile* an eine Aufgabe wie die Steuererklärung, obwohl die Zeit noch nicht drängt.

Nachdenker: Voller *Verunsicherung* fällen Sie eine prinzipielle Lebensentscheidung (z.B. aufs Land ziehen), obwohl Sie für Ihren Geschmack noch nicht über ausreichende Informationen zu dem neuen Wohnort haben.

Abgehobene: Sie machen sich an eine Aufgabe, die für Sie mit starker *Unlust/Anstrengung* verbunden ist (z.B. morgens sehr zeitig aufstehen).

Neinsager: Sie geben eine Zusage, obwohl Sie sich in Ihrer Freiheit eingeschränkt, das heißt *eingeengt*, vorkommen.

Angepasste: Sie suchen mit einem Arbeitskollegen ein klärendes Gespräch – bisher sind Sie dem möglichen Konflikt aus *Angst* vor Ablehnung ausgewichen.

Das Geheimnis liegt nicht in erster Linie im Visualisieren, sondern im *Akzeptieren der unangenehmen Gefühle*! Die Übung zielt ganz auf den „Rubikon" ab, jenen Augenblick, da Sie den Schritt auf die andere Seite des Flusses der Gewohnheit setzen. Sie bildet die entscheidende Voraussetzung für die Wirksamkeit der nun folgenden Praxistipps, deren Reigen ich jetzt eröffne.

Praxistipps für alle Mañana-Typen

Tipp 1: Umgang mit Schuldgefühlen

Wer aufschiebt, mag als „faul" gelten. Wer hingegen wie Sie Bücher über das Aufschieben liest, weil er in seinem Leben etwas ändern will, ist garantiert nicht „faul"! Denn es zeigt, dass Sie bereit sind, etwas zu tun. Wahrscheinlich sind Sie außerdem mit dem derzeitigen Status quo in Ihrem Leben *unzufrieden*. Auch das spricht für Ihren Fleiß. „Faulheit" würde bedeuten, dass Sie aus Überzeugung untätig sind und folglich auch kein schlechtes Gewissen hätten. Nein, in Ihrem Fall handelt es sich keinesfalls um Faulheit, höchstens um eine Ladehemmung. Und selbst die gilt ja wohl nicht für alle Ihre Lebensbereiche, oder?

Einigen wir uns also darauf, dass jedes in Ihnen aufkeimende Schuldgefühl ein Zeichen Ihres Engagements ist. Bei genauer Betrachtung ist sogar jede Ausrede, sofern sie kreativ ist, ein positives Zeichen – nur dass dieses Engagement eben noch besser kanalisiert werden sollte. Schuldgefühle und Ausreden binden nämlich wertvolle Handlungsenergie, die Sie lieber in zukünftige Veränderungen investieren sollten.

Tipp 2: Bewusst aufschieben

Misserfolge sind kein Hindernis, sie versprechen nur das künftige Gelingen.
Heinrich Mann

Aufschieberitis ist eine Gewohnheit. Gewohnheiten zeichnen sich gerade dadurch aus, dass diese ohne Ihr Zutun *automatisch* ablaufen. Deshalb ist einer der wichtigsten Schritte aus der Aufschieberitis das *bewusste Aufschieben*. Jede Sekunde, die Sie mit dem inneren Schweinehund ringen, ist bereits ein Fortschritt – selbst wenn Sie ihm unterliegen sollten. Seien Sie deshalb stolz, wenn Sie bemerken, wie Sie sich zum Beispiel durch andere Aufgaben von Ihren eigentlichen Prioritäten ablenken. Was Ihr Schweinehund will, ist, dass Sie klein beigeben und zu Ihrem Automatismus zurückkehren. Widerstehen Sie diesem Drang. Stellen Sie sich der Erkenntnis dessen, was Sie in Abhängigkeit von der Situation aufschieben.

Tipp 3: Unwichtiges unwichtig nehmen

Nehmen wir an, Sie haben sieben Jahre lang Ihren Gartenzaun nicht repariert. Ihre Begründung könnte sein: „Der Gartenzaun ist mir eigentlich viel zu unwichtig." Wenn das der tatsächliche Grund für die unerledigte Reparatur sein sollte, würde es Ihnen gut tun, sofort eine Entscheidung zu treffen. Reparieren Sie den Gartenzaun, ja oder nein? Wenn Sie ihn reparieren wollen, wann reparieren Sie ihn? Notieren Sie sich sofort einen Termin. Sonst bekommt der Gartenzaun eine Wichtigkeit, von der Sie ja gerade nicht wollen, dass er sie hat! Denn er geistert nun bereits sieben lange Jahre in Ihrem Kopf herum. Jeden Tag gehen Sie an ihm vorbei. Addieren Sie einmal all die Gedanken, die Sie an den Zaun vergeudet haben. Fazit: Über Nichtigkeiten sollten Sie frühzeitig entscheiden.

Tipp 4: Übergeordnete Ziele im Auge behalten

Wer etwas aufschiebt, dem fehlen entweder Anstrengungsbereitschaft und Willensstärke, die Volition. Oder ihm fehlt die rechte Motivation. Ihre Motivation ist immer mit Ihren Motiven und damit dem Nutzen verbunden, den Ihnen die Erledigung einer Sache bringt. Wie aber maximieren Sie Ihre Motivation?

Was schätzen Sie: Werden Sie einen Gartenzaun eher dann streichen, wenn Sie:

- daran denken, wie schön er anschließend anzusehen sein wird?
- sich vergegenwärtigen, dass Sie Ihrem Partner versprochen haben, den Zaun zu streichen, und dass Verlässlichkeit zu Ihren Idealen gehört?

In beiden Fällen haben Sie einen Nutzen vor Augen. Im ersten ist dieser Nutzen sehr konkret, im zweiten abstrakt. Beide Arten von Nutzen motivieren Sie. Die Forschung hat jedoch gezeigt, dass Sie noch konsequenter sind, planvoller vorgehen und gegenüber Wadenbissen des Schweinehundes weniger verletzlich sind, wenn Sie die zweite Variante verstärken. Sie denken dann wie ein „high-level identifier"! Mit anderen Worten: Sie packen Aufgaben mit niederer Priorität deswegen an, weil Sie sich bewusst machen, welchem Ihrer *höheren Ziele* diese Aufgabe dient. Optimal ist, wenn Sie sich über beide Arten von Zielen im Klaren sind.

Tipp 5: Und-Sprache

Die Aber-Sprache suggeriert allzu leicht, dass Sie sich in einer ausweglosen Lage befinden („Ich möchte gerne meine Eltern besuchen, *aber* ich habe keine Zeit!"). Die Aber-Sprache legt Ihnen ein Dilemma und somit nahe, eine Sache auf sich beruhen zu lassen. Die Und-Sprache macht Ihnen bewusst, dass es zwei Dinge miteinander zu vereinbaren gilt, in diesem Fall Besuchswunsch und Zeit („Ich möchte gerne meine Eltern besuchen *und* ich habe keine Zeit"). Die Und-Sprache fördert Ihr Vermögen, sich bewusst für oder gegen etwas zu entscheiden („Ich fahre nicht zu meinen Eltern, *weil* ich keine Zeit habe!" bzw. „*Obwohl* ich an sich wenig Zeit habe, nehme ich sie mir und fahre doch").

Tipp 6: Die Gegenwart kommt bestimmt

Eine für Ihre persönliche Lebensqualität höchst bedeutsame Einsicht lautet: Glück spielt sich immer nur in der Gegenwart ab. Doch auch die nächste und übernächste Gegenwart kommt mit an Sicherheit grenzender Wahrscheinlichkeit. Wir leben in einer Welt, in der es viele Konstanten gibt und sich unsere Zukunft relativ gut voraussagen lässt. Evolutionsgeschichtlich betrachtet war das nicht immer so. Unsere Vorfahren konnten sich beileibe nicht so sicher sein wie wir, am nächsten Tag noch am Leben zu sein. Der Feind konnte hinter jeder Ecke lauern, es gab eine Unmenge tödlicher Krankheiten und vieles mehr. Diese über Jahrmillionen sich fortsetzende Lerngeschichte führt dazu, dass wir der Gegenwart den absoluten Vorzug gegenüber allen in der Zukunft liegenden Ereignissen gewähren.

Menschen werten die Zukunft radikal ab. Welche Rolle spielt es beispielsweise heute für Sie, ob Sie in einem Jahr ausgeschlafen sein werden? Um wie viel wichtiger ist es Ihnen hingegen, dass Sie morgen ausgeschlafen sind?

Die Zeiten haben sich geändert. Sie können heutzutage davon ausgehen, dass kein Säbelzahntiger hinter dem Nudelregal hervorspringen wird. Und wenn Sie den Tag erleben, an dem Sie Ihre erste Geburtstagskerze ausblasen dürfen, sind Sie noch längst kein ausgesprochener Glückspilz. Während der Urmensch mit fünfzig Jahren längst ein Skelett war, können Sie sich mit Recht noch auf viele weitere Jahre einstellen.

Daher ist es in unseren Breitengraden ausgesprochen unzweckmäßig geworden, die Zukunft zu stark abzuwerten (eine gewisse Abwertung ist natürlich überlebensnotwendig). Was früher der Anpassung an unsere Umwelt diente, ist heute eindeutig unangebracht: Nehmen wir an, Sie brauchen morgens etwa eine Stunde, um sich in Ruhe fertig zu machen. Und nehmen wir außerdem an, Sie bleiben morgens zwanzig Minuten länger gemütlich im Bett liegen, sodass Ihnen nun nur noch 40 Minuten bleiben. Sie tun dies, weil Ihnen alles jenseits Ihrer Kuscheldecke unwichtig erscheint. Doch Sie treten durch Ihre Entscheidung eine Lawine aus Unannehmlichkeiten los. Was Ihnen eben (unter der Decke) noch weit, weit weg erschien, wird jetzt bittere Realität: Sie sind spät dran. Vielleicht können Sie Ihren Tee nicht genüsslich schlürfen, sondern verbrennen sich die Zunge; vielleicht entbrennt ein Streit vor dem Badezimmer, weil Sie nicht der Einzige sind, der unter Zeitdruck steht; vielleicht vergessen Sie, die wichtigen Dokumente einzustecken, die Sie über das Wochenende mit nach Hause genommen haben. Eines ist jedenfalls gewiss und Ihnen auch voll bewusst: Die zwanzig Minuten Erholung, die Ihnen durch das Weiterdösen vergönnt waren, sind durch die anschließende Hetzerei zum Teufel – Sie sind im Stress, noch bevor Sie das Haus überhaupt verlassen haben.

Machen Sie sich bewusst, dass Sie sich zwischen Stress auf der einen Seite und Willenskraft und Eigenmotivation auf der anderen Seite entscheiden können. Dort, wo Sie Eigenmotivation einbringen, werden Sie mit Gelassenheit Erfolge erzielen.

Tipp 7: Ausprobieren

Besser spät als nie.
Titus Livius

Überall wird geschrieben und trainiert, dass wir nicht „versuchen", „probieren" oder uns „bemühen" sollten, etwas umzusetzen. Die Begründung ist, dass uns der Organismus in all diesen Fällen nicht seine maximale Energie zur Verfügung stellt. Diese Beobachtung ist korrekt, die Schlussfolgerung aber trotzdem etwas einseitig. Lassen Sie uns also differenzieren: Natürlich sind die Siegeschancen eines Skifahrers größer, wenn er nicht nur versucht zu gewinnen, sondern mit aller Entschlossenheit ins Rennen geht. Aber sollten Sie deshalb *alles* mit vollem Einsatz tun? Gibt es nur alles oder nichts?

Wichtig ist in der Tat, dass Sie Ihre Sprache und Ihren inneren Dialog beobachten. Graben Sie sich nicht durch eine zögerliche Sprache selbst das Wasser ab, wo Sie sich entschlossen ans Werk machen können. Andererseits dient ein Versuch, in den Sie nicht zu viel Herzblut investieren, Ihnen als Frustschutz, falls Sie mit Ihrem Vorhaben scheitern.

Probieren Sie also etwas aus: Halbherzig oder überzeugt, zögerlich oder entschlossen, mit feuchten oder trockenen Händen, mit Zweifeln oder Zuversicht ... Aber lassen Sie nichts unversucht. Falls etwas beim ersten Mal nicht funktioniert, versuchen Sie es ein zweites, drittes etc. Mal. Denn etwas auszuprobieren heißt, dass Sie nicht aufgeben und weiterhin an Ihrem Ziel festhalten. Achten Sie nur darauf, dass Sie eine Sache nicht immer wieder auf dieselbe Weise angehen (single loop Lernen). Lassen Sie sich nach drei misslungenen Versuchen eine neue Strategie einfallen (double loop Lernen) und überprüfen Sie Ihre bisherige Routine.

Wenn Sie sich in etwas versuchen, demonstrieren Sie damit, dass Sie weder auf den richtigen Augenblick noch auf die richtige Stimmung, noch auf die volle Überzeugung, noch auf die Gewissheit einer richtigen Entscheidung, noch auf irgendetwas anderes auf diesem blauen Planeten warten. Einer, der etwas ausprobiert, stellt sich dem Risiko zu scheitern – und das erfordert mehr Mut, als einfach nur dazusitzen und nichts zu tun. Brechen wir also gemeinsam eine Lanze für das Ausprobieren!

Tipp 8: Schritte jetzt, Gefühle später

Die meisten Dinge schieben wir vor uns her, weil sie für uns persönlich mit unangenehmen Gefühlen verbunden sind. Es kann hier nicht oft genug betont werden: Es ist erstrebenswert, dass es Ihnen möglichst oft möglichst gut geht. Ihr psychisches Wohlbefinden ist aber *keine unbedingte Voraussetzung* für Ihr Handeln. Sie können auch ohne gute Laune und in pessimistischer Verfassung einen ersten Schritt wagen. Sie werfen sich selbst einen Knüppel in die Beine, wenn Sie sich in dem Moment, in dem Sie eigentlich mit einer angstbesetzten Aufgabe beginnen wollen, auf Ihre Befindlichkeit konzentrieren. Lenken Sie Ihre Aufmerksamkeit besser auf:

* die Handlungen, die unmittelbar anstehen, und
* auf die Glücksgefühle, die Sie nach vollbrachter Tat haben werden. Sie ersetzen sozusagen die augenblicklich negativen Gefühle der Abneigung durch die positiven Gefühle, die mit der Erfolgsaussicht verbunden sind.

Für Aufgaben, die Überwindung kosten, gilt: Konzentration auf ...	Gefühle	Handlungen
jetzt	hinderlich	förderlich
später	förderlich	wenig relevant, um durchzustarten

43

Sobald Sie ein (erstes) Ziel erreicht haben, können Sie sich wieder voll auf Ihre Gefühle im Hier und Jetzt konzentrieren.

Für das Genießen des Erfolgs gilt: Konzentration auf ...	Gefühle	Handlungen
jetzt	förderlich	wenig relevant
später	wenig relevant	wenig relevant

Natürlich können Sie mittel- und langfristig auch bei der Ursache für Ihre negativen Gefühle selbst ansetzen und:

- Ihre Einstellung zu unangenehmen Gefühlen an sich überdenken, z.B. indem Sie die Trennung zwischen Gut und Schlecht prinzipiell überdenken (so wie dies etwa im Taoismus geschieht), und
- sich bewusst machen, dass es genügend Menschen gibt, die das, was Ihnen persönlich verhasst ist, mit Vergnügen tun (z.B. Auto waschen). Nehmen Sie sich ein Beispiel an diesen Menschen und fragen Sie sich, welche positive Einstellung diese Personen zu den entsprechenden Dingen haben. Was macht den *Unterschied*?

Auf diese Weise graben Sie dem Schweinehund das Wasser ab und er wird bald auf dem Trockenen sitzen, während Sie Ihre persönliche Motivationsphase erreichen.

Tipp 9: Weit in die Vergangenheit – nah in die Zukunft

Die Perspektive, aus der Sie Ihre eigenen Fortschritte betrachten, kann Ihnen bei der Erreichung Ihrer Ziele behilflich sein. Wenn Sie darangehen, große Vorhaben umzusetzen, sollten Sie sich primär auf die Zukunft und damit auf den nächsten kleinen Schritt konzentrieren bzw. so viele Schritte auf einmal im Visier haben, dass das Vorhaben für Sie einerseits herausfordernd, jedoch andererseits zugleich machbar erscheint. Es versteht sich von selbst, dass Sie sich nicht nonstop dieser Strategie bedienen, sondern sich regelmäßig Zeit nehmen, um sich auch auf das langfristige Ziel zu besinnen und Ihren Kurs zu überprüfen (andernfalls handelt es sich um bloßen, unüberlegten Aktionismus).

Wenn Sie auf der anderen Seite Ihre vergangene Leistung beurteilen, so dürfen Sie gerne sämtliche bisherigen kleinen Schritte zu einem großen Erfolg addieren. Mit der Kraft, die Sie aus einem solchen Resümee ziehen werden, können Sie gleich den nächsten Schritt wagen! Diese einen langen Zeitraum umfassende Vergangenheitsperspektive hilft Ihnen auch, Rückfälle leichter wegzustecken. Ein kleiner Ausrutscher wird durch den allgemeinen Fortschritt kompensiert.

Tipp 10: Vorauskompensation

Nehmen wir an, Sie haben sich vorgenommen, zweimal pro Woche schwimmen zu gehen. Doch ausgerechnet heute ist Ihnen nicht danach zumute. Der Schweinehund wird die Gelegenheit nutzen und Sie auf morgen vertrösten: „Kein Problem, dafür gehe ich morgen länger." Bloß steigt damit die Überwindung, die Sie morgen brauchen werden, beträchtlich. Also vertrösten Sie sich morgen auf übermorgen und sehr bald können Sie Ihre „Versprechen" gar nicht mehr einlösen und geben frustriert auf.

Was Sie vor derartigen Schweinehundattacken schützt, ist eine durchdachte Vorausplanung. Überlegen Sie sich immer schon am Beginn der Woche, wann und wo Sie in die Verlegenheit geraten werden, Ihre Vorhaben nicht konsequent umzusetzen, und wann und wo es am günstigsten wäre, sie zu verwirklichen. Dann können Sie bereits am Dienstag 20 Minuten länger schwimmen gehen, weil Sie am Donnerstag wahrscheinlich keine Zeit dazu haben werden. Kompensieren Sie also stets im Voraus, statt den Ausgleich auf später zu verschieben.

Tipp 11: Unaufschiebbarkeit der Arbeitszeit

Wer nichts auf morgen ließ, hat viel getan.
Arthur Schopenhauer

Ich empfehle Ihnen folgende Spielregel: Vermeiden Sie prinzipiell, Arbeits-*Zeit*, die Sie an einem Tag nicht in Ihre Vorhaben investiert haben, in den folgenden Tag integrieren zu wollen. Wiewohl Sie – auf Grund unglücklicher Umstände – nicht erreichte Arbeits-*Ergebnisse* auf den nächsten Tag verschieben (nicht aufschieben!) dürfen. Vielleicht fragen Sie sich, ob diese Regelung dem Aufschieben nicht Vorschub leistet? Immerhin könne man einfach völlig unproduktiv seine Zeit absitzen. Aber wer verplempert schon *absichtlich* seine Arbeitszeit? Und hier gilt: Als Arbeitszeit gilt nur jene Zeit, die Sie Ihrer Aufgabe *widmen*. Sobald Sie etwas nicht Dazugehörendes tun, sobald Sie sich einfach nur ablenken, können Sie sich diese Zeit schon nicht mehr als Arbeitszeit anrechnen.

Das Prinzip der Unaufschiebbarkeit der Arbeitszeit verhindert den Lorbeereffekt. Dieser tritt ein, wenn Ihnen ein genialer Einfall kommt, der Ihnen vermutlich zwei Stunden Arbeit erspart, und Sie sich prompt etwas anderem zuwenden (weil Sie jetzt ja Zeit haben), statt das Eisen zu schmieden, solange es heiß ist. Wie oft reden wir uns damit heraus, dass der jetzige Zeitpunkt gerade ungünstig ist? Und wie oft nutzen wir die Gunst der Stunde nicht, wenn sie sich uns bietet?

Tipp 12: Einflugschneise

Nütze diesen Tag und am wenigsten traue dem nächsten!
Horaz

Manchmal ist es schwer, sich zu einer Handlung durchzuringen oder sich mit einer aufwändigen oder langweiligen Arbeit zu beschäftigen. Diese Startschwierigkeiten sind nicht weiter tragisch – sofern Sie Sitzfleisch beweisen! Weichen Sie nicht aus, beschäftigen Sie sich nicht mit einer anderen Arbeit. Sondern warten Sie seelenruhig ab, bis sich in Ihnen die zum Handeln nötige Energie *angesammelt* hat. Machen Sie sich bewusst, dass die anstehende Aufgabe wahrscheinlich immer einen gewissen Kraftaufwand erfordern wird – ganz gleich, wann Sie sie angehen werden. Schlimmer noch, mit jedem Mal Aufschieben erscheint sie Ihnen gruseliger. Bleiben Sie deshalb immer hübsch in der Einflugschneise.

Wenn derjenige, der handeln soll, sich selbst nach dem Ergebnis beurteilen wollte, so würde er niemals beginnen. Selbst wenn das Ergebnis die ganze Welt beglücken würde, dem Helden hilft es überhaupt nicht; denn vom Ergebnis hat er erst erfahren, als alles vorbei war, und nicht dadurch wurde er zum Helden, sondern er war es, weil er begann.
Søren Kierkegaard

In diesem Sinne ist es das Beste, die Arbeits*zeit* fast genauso wichtig zu nehmen wie das Arbeitsergebnis. Von anderen Personen werden Sie vor allem am Arbeitsergebnis gemessen. Leider interessiert es die Mitmenschen häufig herzlich wenig, wie viel Zeit und Eifer Sie investiert haben. Drehen Sie jedoch für Ihr Selbst-Management diese Sichtweise um. Messen Sie sich nicht nur am Ergebnis, sondern auch daran, wie viel Zeit Sie mit einem bislang *aufgeschobenen* Projekt verbringen. Den Zeitraum, in dem Sie sich einer aufgeschobenen Aufgabe „widmen", legen Sie vorab in Ihrer Tagesplanung fest.

Was lassen Sie als Arbeitszeit gelten? Antwort: Ausnahmslos jegliche Zeit, in der Sie sich ausschließlich mit dem aufgeschobenen Projekt beschäftigen. Und sei es nur, dass Sie ebenso fieberhaft wie ergebnislos Löcher in die Luft starren. Der gute Wille zählt. Jeder Versuch ist ein kleiner Erfolg: Sie sind nicht vor der Aufgabe davongelaufen, sondern haben dem inneren Schweinehund die Stirn geboten. Das Entscheidende ist, *dass* Sie beginnen, und das ist die Voraussetzung dafür, dass Sie sich dem Projekt stellen und sich mit ihm konfrontieren.

Tipp 13: 3-2-1-Los!

Sie beherrschen bereits eine Technik, um sich voll auf das Handeln einzustimmen und die Initialzündung auszulösen. Wahrscheinlich können Sie sich noch an Ihre Jugendtage erinnern, als Sie stundenlang vor dem

Telefon kauerten, um den Mut zu sammeln, Ihren großen Schwarm anzurufen. Oder als Sie den ersten Sprung vom Dreimeterbrett wagten. Zwei Beispiele übrigens, die beweisen, wozu Sie fähig sind, wenn Sie am Ball bleiben! Mut kann *gesammelt* werden. Genau das geschieht in der Phase, in der Sie sich selbst mit 3-2-1-Los! einzählen. Deshalb kommt es darauf an, in einem *angemessenen Tempo* zu zählen. Zum Beispiel im Sekundentakt bei leichten Aufgaben und im Minutentakt, wenn Sie vor einer besonders großen Herausforderung stehen.

Tipp 14: 1:1-Vertrag

Viele Schweinehunde werden erst richtig bockig, wenn man zu großen Druck auf sie ausübt. Deswegen besteht eine Strategie verblüffenderweise darin, den Schweinehund ab und zu gewinnen zu *lassen*. Zunächst einmal signalisiert „gewinnen lassen", dass *Sie* die Hundeleine fest in der Hand haben. Sie sind es, der entscheidet, wann der Schweinehund gewinnen darf. Der 1:1-Vertrag (sprich: „Eins-zu-Eins-Vertrag") beinhaltet, dass Sie ihn nächstes Mal gewinnen lassen, sofern er Sie dieses Mal gewähren lässt. *Dabei ist es absolut unerlässlich, dass Sie es sind, der beim ersten Mal gewinnt* (sonst wären Sie wieder beim Aufschieben). Den 1:1-Vertrag können Sie dann allmählich zum 2:1-, 3:1-Vertrag und so weiter ausbauen.

In den nächsten Kapiteln folgen Tipps, die auf die einzelnen Mañana-Typen zugeschnitten sind. Lesen Sie sie bitte auch, wenn Sie sich nicht davon betroffen fühlen (vgl. Mañana-Test). Sicher finden Sie so manche Strategie, die Ihnen umsetzenswert erscheint!

Der Makellose

Die Jetzt-Formel

Leidsätze

Bei der Darstellung der einzelnen Mañana-Typen stelle ich Ihnen zunächst die klassischen Ausreden, sprich: „Leidsätze" vor. Überprüfen Sie, ob diese Sätze so oder so ähnlich auch aus dem Mund Ihres Schweinehundes zu hören sein könnten. Wenn Sie zum Typus des Makellosen gehören:

- lautet Ihr Motto: „Entweder richtig oder gar nicht!" Dann haben Sie immens hohe Ansprüche, denen Sie nicht in allen Bereichen zugleich gerecht werden können. Und deswegen läuft diese Formel häufig für Sie auf *„Gar nicht!"* hinaus. Als Makelloser haben Sie nicht die Zeit, Ihren Schreibtisch picobello aufzuräumen, und so lassen Sie lieber zu, dass sich die Papierstapel immer höher türmen.
- denken Sie in den Kategorien: „alles oder nichts!" Wenn Sie zu alt sind, um Tennisprofi zu werden, lassen Sie das Tennisspielen ganz bleiben, auch wenn Ihnen der angeblich „dilettantische" Hobbysport höllischen Spaß bereiten würde.
- behaupten Sie gerne: „Alles muss man selbst machen!" – weil Sie vermutlich niemandem zutrauen, dass er etwas womöglich so gut machen könnte wie Sie selbst.

Ursachen

Woher können diese Ausreden kommen und welche Bedürfnisse liegen ihnen zu Grunde? Die Wurzel der perfektionistischen Geisteshaltung des Makellosen bildet zumeist ein zerbrechliches Selbstwertgefühl. Ein schwaches Selbstbild verträgt keine Kratzer und so verfolgt Sie als Makelloser die Furcht vor Fehltritten bis in Ihre Träume. Da es scheinbar immer noch leichter ist, mit der ständigen Angst vor Fehlern zu leben als sich seine Minderwertigkeitsgefühle einzugestehen (die ja ihrerseits von Minderwertigkeit zeugen würden), schützen Sie sich durch ein Denken in Extremen, in Schwarz und Weiß. Die Minderwertigkeitsgefühle gründen zumeist auf einer fatalen Gleichsetzung von Erfolg und Selbstwert. Vielleicht leben Sie in dem Glauben, nur dann „liebens-wert" zu sein, wenn Sie herausragende Leistungen erbringen und in Ihrer Rolle perfekt „funktionieren".

Konsequenzen

Die Bedürfnisse, die der Aufschieberitis zu Grunde liegen, sind an sich weder „gut" noch „böse". Doch bringen sie mitunter unerwünschte Nebenwirkungen mit sich. Mehrere der folgenden zehn Punkte treffen auf den Makellosen zu – welche betreffen Sie?

1. Sie legen sich die Latte selbst so hoch, dass Sie nur unter ihr hindurch springen oder sich bestenfalls den Kopf daran stoßen können. Und so fan-

gen Sie vorsichtshalber viele Projekte erst gar nicht an. Denn Ihre Motivation verhält sich direkt proportional zu Ihrer Hoffnung auf Erfolg.

2. Ihnen erscheint alles gleich wichtig, Sie sind nur schwer dazu imstande, Prioritäten zu setzen. Wahrscheinlich sind Ihnen Ihre eigentlichen Prioritäten sogar bewusst – doch bringen Sie es nicht übers Herz, eine E-Mail mit Tippfehlern abzuschicken.

3. Nicht wenige Makellose stimmt es regelrecht zornig, wenn andere Fehler begehen. Deshalb kann es umgekehrt der Fall sein, dass Sie Ihre Kollegen nicht um Hilfe bitten, selbst wenn Ihnen Hilfe gerade willkommen wäre. Sie möchten sich keine Blöße geben. Andere sollen nicht denken, Sie seien nicht in der Lage, Ihre Arbeit selbst zu erledigen.

4. Sie können es nicht ertragen, dass etwas nicht auf Ihre Art angepackt wird. So sind Sie als Makelloser gleich *dreifach* arbeitsüberlastet: Sie investieren jede Menge Zeit in Nichtigkeiten, können Aufgaben schwer delegieren und holen sich selten die notwendige Unterstützung.

5. Ihre Konkurrenzorientierung ist relativ ausgeprägt, weil Sie in allem, was Sie anpacken (*wenn* Sie es anpacken), die Nummer 1 sein wollen. Sie führen das harte Leben eines Einzelkämpfers.

6. Sie stellen sich häufig selbst ein Bein. Selfhandicapping ist die Gabe, eine Grube zu graben und dann mit Unschuldsmiene selbst hineinzufallen. So warten Sie gerne bis zum letzten Augen-

blick ab, um anschließend die Ausrede parat zu haben, dass Sie auf Grund der Zeitnot keine perfekte Arbeit abliefern konnten.

7. Sie vergeuden eine Unmenge an Zeit damit, Ihre Handlungen anderen Menschen gegenüber zu begründen. Sie stecken viel Energie in Rechtfertigungen, um Ihr Image zu retten.

8. Sie stecken enorm viel Zeit in den Endspurt und die Kontrolle Ihrer Arbeit. Dadurch dauert vieles länger, als es eigentlich müsste – was Sie mitunter schon im Vorfeld davor abschreckt anzufangen.

9. Sie sind chronisch unzufrieden mit Ihrer eigenen Leistung. Auf diese Weise gewinnen Sie die kostbare Motivationsenergie, die Sie in eine Aufgabe gesteckt haben, nicht zurück.

10. Sie übersehen, wo es sich tatsächlich lohnt, ein möglichst perfektes Ergebnis anzustreben.

Vorzüge

Der Makellose gilt als verlässlicher, gründlicher und kritischer Mensch. Alles Eigenschaften, die zu Recht bei seinen Mitmenschen hoch im Kurs stehen. In ein Team fügt sich der Makellose deshalb häufig nahtlos ein.

Die Grundidee der nun folgenden Strategien ist, dass Sie Ihre hohen Qualitätsansprüche beibehalten können. Ziel ist es, dass Sie in Zukunft stärker situativ differenzieren statt alles mit der gleichen Präzision behandeln zu wollen. Und wenn Sie möchten, können

Sie diesen strategischen Einsatz Ihrer Kräfte zur Perfektion bringen!

Konzentrieren wir uns nun darauf, durch welche Art zu denken Sie sich das Leben erleichtern können, falls Sie zu den Makellosen gehören. Machen Sie es sich zur Gewohnheit, verstaubte Glaubenssätze durch solche zu ersetzen, die Sie in Ihrem Tun unterstützen. Die hier aufgeführten haben bereits das Leben so manches Makellosen bereichert.

Tipp 15: Physikalischer Kompass

Als Makellosem sind Ihnen Erfolg und Leistung ganz besonders wichtig. Halten Sie sich deshalb immer vor Augen, dass Leistung physikalisch wie folgt definiert ist:

$$\text{Leistung} = \frac{\text{Arbeit}}{\text{Zeit}}$$

Stellen Sie der Zeit, die Sie in das Abschließen einer Aufgabe investieren, die Verbesserung des Endergebnisses gegenüber. Die Frage „Bringt mich das, was ich gerade tue, meinen Zielen näher?" kann Ihnen dabei als innerer Kompass dienen und Sie auf Kurs halten.

Tipp 16: Lernen statt beweisen

Wahrscheinlich haben Sie es zu etwas gebracht, weil Ihrem „schulmeisterlichen Auge" kaum ein Fehler entgeht. Das hat grundsätzlich sein Gutes. Ändern sollten Sie allerdings Ihre Einstellung zu diesen Fehlern, sozusagen Ihre persönliche „Fehlerkultur". Investieren Sie Ihre kostbare Energie, aus Fehlern etwas zu lernen, statt sie wie bisher durch langatmige Rechtfertigungen, Ängste, Grübeleien etc. zu verlieren. Auf Englisch ergibt sich ein aufschlussreiches und leicht merkbares Wortspiel:

> Improve instead of prove yourself!

Entwickeln Sie sich weiter, statt sich ständig vor anderen beweisen zu müssen. Untersuchungen zeigen, dass Personen, die mit „learning goals" (dem Ziel sich weiterzuentwickeln und etwas zu lernen) an eine Aufgabe herangehen, Fehlschläge besser verkraften als Personen, die sich vornehmen, eine bestimmte Leistung unter Beweis zu stellen, also „performance goals" haben. Die Anstrengungsbereitschaft Letzterer nimmt durch misslungene Versuche ab. Learning goals sind die beste Voraussetzung für 3L: Lebenslanges Lernen.

Tipp 17: Prädikat wertvoll

Für welche Menschen empfinden Sie die meiste Liebe? Welche Rolle spielt dabei, wie viel Geld diese Person hat, welchen gesellschaftlichen Status sie genießt, wie viel beruflichen Erfolg sie vorzuweisen hat? Wahrscheinlich gar keine. Aus welchen Gründen lieben Sie dann jemanden? Vielleicht weil Sie den Charakter des anderen schätzen, seinen Humor, seinen Charme. Vielleicht gibt es aber noch nicht einmal einen nennbaren Grund, sondern Sie lieben ganz einfach so. Und alle Gründe dafür finden oder erfinden Sie erst im Nachhinein. Jedenfalls beschreiben viele Menschen Liebe genau so. Wenn dem so ist, ist es dann nicht ebenso wahrscheinlich, dass auch Sie nicht Ihrer Leistung oder Ihrer Karriere wegen geliebt werden? Verwechseln Sie Liebe nicht mit Bewunderung! Rufen Sie sich immer wieder ins Bewusstsein: „Ich werde um meiner selbst willen geliebt." Sie brauchen nicht perfekt zu sein, sondern bloß Sie selbst.

Tipp 18: Prioritäten vergeben

Wer Fehler nur schwer tolerieren kann, für den ist fast alles gleichermaßen wichtig. Der Mut zum Fehler und damit auch der Mut zum Lernen stellt die Voraussetzung für das Prioritätensetzen dar. Bekanntlich gilt:

> Prioritäten setzen bedeutet: entscheiden,
> was länger liegen bleiben kann.

Die Prioritätenvergabe ihrerseits schützt Sie vor dem Aufschieben – beziehungsweise bleiben von nun an nur noch jene Dinge bei Ihnen liegen, welche unerledigt den geringsten Schaden anrichten. (Das ändert natürlich nichts daran, dass die Arbeitsbelastung nicht ins Uferlose steigen kann!) Es folgen nun gleich mehrere Techniken, wie es Ihnen in Zukunft besser gelingen kann, tatsächlich Prioritäten zu setzen.

Tipp 19: Letzter Arbeitstag

Arbeiten Sie einen ganzen Tag lang so, als ob Sie morgen in Urlaub gehen würden. Wahrscheinlich wissen Sie aus eigener Erfahrung, was Sie an einem solchen Tag alles bewerkstelligen. Immerhin soll die Urlaubsvertretung ja nichts Schlechtes von Ihnen denken und gewisse Dinge können unmöglich zwei Wochen lang liegen bleiben. Durch die begrenzte Zeit, die Ihnen zur Verfügung steht, beginnen Sie, glasklare Prioritäten zu setzen.

Tipp 20: Getrennte To-do-Listen

Makellosen sind die unterschiedlichen Prioritäten in der Planungsphase oftmals schon bewusst. Doch diese Wahrnehmung wird im Eifer des Gefechts getrübt. Aus diesem Grund empfehlen wir Ihnen, mehrere Aufgabenlisten nebeneinander zu führen. Zum Beispiel eine To-do-Liste für die großen Brocken/Projekte, eine für Telefonate/Post/E-Mails, eine für die

Wiedervorlage/Delegation, eine für Besorgungen ... Entscheiden Sie selbst, welche Kombination von Listen für Sie die geeignetste ist. Die Dinge, die Sie noch *heute* erledigen wollen, können Sie *direkt in Ihren Tagesplan* eintragen, also nicht in die To-do-Liste. Es kommt lediglich darauf an, dass Sie stets zuerst in die To-do-Liste für prioritäre Projekte hineinschauen und mit einer dementsprechenden Aktivität in den Tag starten. Ganz nebenbei sorgen separate Listen für Übersichtlichkeit und ersparen Ihnen Lesezeit. Jede einzelne Liste bleibt überschaubar. (Selbstverständlich können Sie diesen Ansatz auch für das Ordnen Ihrer E-Mails verwenden.)

Tipp 21: Zeitlimit-Arbeitsstil

> Was Sie unter Zeitdruck weglassen können,
> brauchen Sie auch nicht zu tun, wenn Sie Zeit haben!

Jetzt aber von den hilfreichen Gedanken und Einstellungen zu den hilfreichen Taten. Beginnen Sie, ohne Zeitlimit so zu arbeiten, als hätten Sie eines! Aber ohne Hektik. Denn für Leute, die ständig auf die Uhr schielen – meist ohne die Stellung der Zeiger wirklich wahrzunehmen –, ist es eigentlich immer für alles zu spät. Zerfahrenheit ist nicht der Sinn des Zeitlimit-Arbeitsstils, sondern das Ziel ist zeitbewusstes Arbeiten an den wirklichen Prioritäten. Es entscheidet die Frage: „Was würde ich als Nächstes tun, wenn ich nur noch x Tage/Stunden/Minuten Zeit hätte?" (Die Größe von x bestimmen Sie.)

Zeitbewusstsein statt Zeitdruck

Wo Ihnen von außen kein Druck auferlegt wird, setzen Sie sich selbst Zeitlimits. Denn gemäß dem Parkinson-Gesetz verhält sich Arbeitszeit vergleichbar einem Gas. Sie breitet sich bis in die letzten Ritzen des zur Verfügung stehenden Raumes aus.

> *Arbeit dehnt sich so weit aus, dass die für ihre Fertigstellung zur Verfügung stehende Zeit ausgefüllt wird.*
> Cyril Northcote Parkinson

Die entscheidenden Ergebnisse einer Besprechung werden meistens in der letzten Viertelstunde erzielt. Vergegenwärtigen Sie sich nur einmal das letzte Meeting mit open end, an dem Sie teilgenommen haben. Für Sie als Makellosen ist es essenziell, dass Sie sich Zeitlimits setzen, zum Beispiel, indem Sie Ihren Arbeitstag nach hinten begrenzen. Es gilt, genau abzuschätzen, in welche Dinge Sie Ihre Zeit investieren. Wenn Sie bei Nichtigkeiten Abstriche machen, haben Sie auch die Möglichkeit, anderen Ihre Top-Prioritäten wirklich perfekt zu präsentieren.

Tipp 22: Kooperieren und delegieren

Kooperieren und/oder delegieren heißt investieren! Natürlich wird nicht jeder Ihrer Mitmenschen (Kollegen, Mitarbeiter, Kinder etc.) auf Anhieb alles nach Ihren Vorstellungen anfassen. Aber nach eventuell anfänglichen Problemen der Zusammenarbeit entstehen Synergien bzw. werden bei den überantworteten Aufgaben zusehends bessere Resultate erzielt. Bedenken Sie außerdem, dass Delegieren kein Entweder-Oder ist, sondern feine Abstufungen zulässt:

- „Sieh dir die Sache an und unterbreite mir Vorschläge, bevor du etwas unternimmst."
- „Lass mich wissen, was du unternommen hast."
- „Komm zu mir, wenn es Schwierigkeiten gibt."

Genauso können Sie Teilaufgaben delegieren. Zum Beispiel Vor- oder Nachbereitungsaufgaben, Informationsbeschaffung, Konzepterstellung etc.

Tipp 23: Büroglyphen

Makellose messen sich zu oft an den Arbeiten, die sie erledigen konnten, und zu selten an jenen, die liegen geblieben sind. Doch Konsequenz benötigt Konsequenzen. Das Mindeste, was Sie demnach tun können, ist, genau die Aufgaben auf Ihrer To-do-Liste zu kennzeichnen, die Sie aufgeschoben haben (nicht *verschoben*, siehe Einleitung), und eine Strichliste zu führen. Sie werden sehen, dass bereits unscheinbare

Striche Ihren Leidensdruck beziehungsweise Ihre Motivation erhöhen.

Es ist faszinierend, mit welch einfachen Mitteln sich der Mensch mitunter zu etwas bewegen lässt. Was tun Kinder in der Grundschule nicht alles, um einen Smiley, einen Aufkleber oder etwas Ähnliches für ihre Schularbeit oder Hausaufgaben zu bekommen? Auf dieselbe Weise motivieren Büroglyphen auch Erwachsene.

Tipp 24: Meilensteine

Der Vollständigkeit halber soll auch eine Strategie erwähnt werden, die sich im Projekt-Management bestens bewährt hat und darin besteht, größere Projekte in Etappenziele zu unterteilen. (Teilaufgaben notieren Sie ebenfalls im Tagesplan.) Wenn Sie perfektionistisch sind, bringen Meilensteine den Vorteil, dass die subjektive Herausforderung, vor der Sie jeweils stehen, sinkt. Das hilft, da Makellose dazu neigen, sich die Latte selbst so hoch zu legen, dass der Reiz der Aufgabe einer Gereiztheit weicht.

Dieser Tipp ist auch für Aktionisten hervorragend geeignet. Durch die Meilensteine wird es öfter als bisher auf Ihrer Uhr fünf vor zwölf schlagen. Die Arbeitsbelastung verteilt sich über einen größeren Zeitraum hinweg und dadurch werden Spitzenbelastungen inklusive (der daraus resultierenden?) Überstunden reduziert. Angenommen, Sie sind im Verkauf tätig und haben sich zum Ziel gesetzt, am *Ende des Jahres* Ihre Umsatzziele übertroffen zu haben (nicht zuletzt, weil ein Gutteil Ihres Einkommens davon abhängt). Dann könnten Sie es die ersten Monate des Jahres im Prinzip gemütlich angehen lassen. Wenn Sie jedoch Ihre Jahresziele in Quartals- und Monatsziele aufteilen, dann ist immer eine Deadline in Sicht und Sie werden schon zu Anfang des Jahres den Drang dazu verspüren loszulegen. Wenn Sie dann auf das Jahresende zusteuern, haben Sie die Wahl: Entweder Sie arbeiten im gleichen Tempo weiter und müssen sich trotzdem nicht abhetzen wie diejenigen Kollegen, die monatelang getrödelt haben. Oder Sie entscheiden sich, sogar noch einen Gang zuzulegen und voller Stolz eine neue persönliche Bestleistung zu erbringen.

Achten Sie jedoch nach dem Herunterbrechen von Zielen in Teilziele darauf, dass Sie auch Ihre übergeordneten Ziele im Auge behalten. Teilziele bedürfen, um so richtig motivierend zu sein, der Anbindung an das Gesamtziel.

! Bevor Sie zum nächsten Kapitel übergehen, sollten Sie sich darüber Klarheit verschaffen, welche Tipps des vorangegangenen Kapitels Ihnen auf den Leib geschneidert sind. Fertigen Sie beispielsweise gleich jetzt eine Liste der Aufgaben an, die Sie delegieren oder in Arbeitsgemeinschaft mit anderen erledigen können: Wem können Sie Ihr Know-how anbieten? Und wer kann Ihnen im Gegenzug Entlastung schaffen? Etc.

Der Aktionist

Gäbe es die letzte Minute nicht,
so würde niemals etwas fertig.
Mark Twain

Der Silverstervorsatz

Leidsätze

Genau wie der Makellose ist auch der Aktionist in Seminaren ausgesprochen häufig anzutreffen. Bei Firmenseminaren fällt – insbesondere in schnelllebigen Branchen – auf, dass Aktionismus geradezu Bestandteil einer Unternehmenskultur sein kann. Gehören auch Sie zur Gattung der Aktionisten? Dann sind Sie mit hoher Wahrscheinlichkeit der festen Überzeugung:

- „Unter Druck arbeite ich am besten!" Kennen Sie es eigentlich anders?
- Was Ihnen nicht den ultimativen Kick gibt, das stempeln Sie ab: „Das ist doch total öde!"
- Schließlich vertrödeln Sie immer wieder Zeit, solange der Hut noch nicht brennt: „So dringend ist das ja noch nicht!", heißt es dann.

Ursachen

Der Glaube, unter Druck die beste Leistung zu erbringen, rührt zum Großteil daher, dass der Aktionist über keine anderweitigen Erfahrungen verfügt, die ihm das Gegenteil beweisen würden. Denn ohne Stress, ohne Druck von außen arbeitet er nahezu *überhaupt nicht*! Er selbst tritt sich nur selten in den Hintern. Es handelt sich also um eine typische Halbwahrheit, denn zwischen „Bislang habe ich meine Leistung nur unter Stress erbracht" und „Ich habe mein Leistungsoptimum erreicht" besteht ein himmelweiter Unterschied. Ein weiterer Grund für den Aktionismus ist der damit verbundene „Krankheitsgewinn". In der modernen Gesellschaft mutet es geradezu schick an, ständig in Eile und Zeitnot zu sein. Wer im Stress ist, der muss wohl wichtig sein; wer nach einer notgedrungenen „Nachtschicht" mit blutunterlaufenen Augen noch immer im Büro sitzt, der muss wohl ein höchst engagierter Mitarbeiter sein. Und selbst wenn der Aktionist keine Bewunderung erntet, so doch zumindest psychologische Streicheleinheiten in Form von Mitgefühl seiner Freunde und Kollegen.

Man kann es kaum glauben, aber der Aktionist verfügt im Grunde genommen über eine sehr *geringe* Stresstoleranz! Bei näherer Betrachtung stellt sein Aktionismus eine Flucht vor dem Stress dar – getreu dem Motto: „Angriff ist die beste Verteidigung!" Durch schnelle Erfolge bekommt er wenigstens das *Gefühl*, den Arbeitsberg zu bewältigen. Da schnelle Erfolge in der Regel nur durch die Erledigung von Peanuts zu erreichen sind, fragt sich der Aktionist am Ende eines aufregenden Arbeitstages häufig mit Recht: „Was habe ich heute eigentlich weitergebracht?"

Holzhacken ist deswegen so beliebt,
weil man bei dieser Tätigkeit den Erfolg sofort sieht.
Albert Einstein

Der Aktionist arbeitet normalerweise gerne an mehreren Projekten gleichzeitig. Das führt zu einer realistischen Einschätzung seiner Situation: dass nämlich nicht er es ist, der seine Arbeit unter Kontrolle hat, sondern vielmehr sie ihn kontrolliert. Leider handelt es sich bei diesen Arbeiten fast ausschließlich um Kleinigkeiten, die sich innerhalb kürzester Zeit abhandeln lassen (E-Mails, Post, Telefonate etc.). Größere oder unangenehme Tätigkeiten schiebt der Aktionist lieber bis fünf vor zwölf auf.

Konzentration ist nicht die Sache des Aktionisten. Deshalb braucht er ersatzweise den Tunnelblick des Stresses, der ihm die Entscheidung abnimmt, woran er zuerst arbeiten soll. Am besten, so denkt er sich, arbeitet er ganz einfach so schnell er nur kann. Zudem unterstützt der Tunnelblick ihn dabei, dass er sich *etwas weniger* von Dingen ablenken lässt, die ihm zufällig in den Sinn kommen.

Konsequenzen

Dem Aktionisten fehlt zuweilen der eigene Antrieb, die Eigenmotivation. Dadurch macht er sich selbst zum Sklaven seiner Umgebung. Solange kein Zeitdruck besteht, geht er seinen Lieblingstätigkeiten nach. Als jemand, der glaubt, Stress zu brauchen, darf er sich natürlich nicht wundern, wenn er häufig Stress hat.

Der Arbeitsstil des Aktionisten hat zwei Pferdefüße:

1. Es entsteht auf leisen Sohlen ein innerer Widerwille gegen das Arbeiten an sich. Denn die eigentliche Arbeit tritt gepaart mit Stress und Zeitdruck auf.
2. Parallel dazu wird der Aktionist zum Adrenalin-Junkie. Denn die enorme Erleichterung, doch noch auf den letzten Drücker fertig geworden zu sein, wird mit dem gleichzeitigen Adrenalinschub verknüpft.

Der Aktionist beschäftigt sich gerne mit unterhaltsamen Dingen, solange er Zeit hat. Leider vergeht die letzte Minute ihrer Natur gemäß recht schnell. Die Folge ist, dass der Aktionist mitunter eine Unmenge von Überstunden einzulegen hat. Natürlich ist beileibe nicht jeder, der Überstunden macht, ein Aktionist. Aber Aktionisten müssen welche machen und sind dadurch „sozial unauffällig" als Workaholic getarnt.

Vorzüge

Unter Stress kommt der Aktionist in Schwung. Man kann sich darauf verlassen, dass er in letzter Minute keine Mühen scheut, um doch noch ein gutes Ergebnis zu liefern. Dann ist er dazu bereit, etliche Nachtschichten einzuschieben. Zugute gehalten werden muss ihm in diesem Punkt seine Belastungsfähigkeit, denn unter Druck behält er die Nerven.

Tipp 25: Investition in die Zukunft

„Auf Dauer spare ich Zeit!" Dieser Leitsatz ist deshalb so wichtig, weil er Sie direkt bei Ihren Bedürfnissen abholt. Denn als Aktionist wollen Sie jede Millisekunde bestmöglich nutzen – und vergeuden gerade dadurch so viel Zeit. Führen Sie sich selbst vor Augen, dass Aktionismus und Aufschieberitis *auf Dauer* Zeit kosten. Das Geheimnis liegt in der *Kombination* eines rechtzeitigen Beginns gepaart mit dem Zeitlimit-Arbeitsstil.

Tipp 26: Besser gewitzt als verschwitzt

Um wie viel Lebensqualität wird Ihr Leben reicher werden, wenn Sie Aktionismus durch Strategie ersetzen? Wie oft wären in der Vergangenheit Ihre Entscheidungen anders ausgefallen, wenn Sie einige Sekunden über einen Plan nachgedacht hätten, darüber, wie der betreffende Job – ohne viel Zeitaufwand – jeweils am besten zu erledigen gewesen wäre? Betreiben Sie doch einmal ein persönliches Reengineering: Wenn heute Ihr erster Arbeitstag wäre, Sie aber Ihren heutigen Wissensstand behalten könnten – was würden Sie dann anders und besser machen?

Überlegen macht überlegen.

Tipp 27: Prioritäten setzen

Nur hochgradig automatisierte Tätigkeiten (Routinen) lassen sich unter Stress wirklich zufrieden stellend erledigen. Wenn Sie hingegen zur Gattung der Kopfarbeiter gehören, ist es für Sie unentbehrlich, ruhig und besonnen zu Werke zu gehen. So in etwa wie die Peripatetiker des alten Griechenland: Um klarer über Physik, Ethik und dergleichen nachzudenken, *schritten* sie durch Wandelhallen. (Versuchen Sie einmal, *im Sprint* nachzudenken!)

Andererseits muss doch irgendetwas daran sein, wenn so viele Menschen der Überzeugung sind, unter Stress am besten arbeiten zu können, oder? Zunächst einmal: Tatsächlich stellt der Körper unter Stress Energien zur Verfügung, die ihm normalerweise nur schwer zugänglich sind. Und zwar, weil sie für den Ernstfall – den Es-geht-hier-schließlich-um-Leben-und-Tod-Fall – reserviert sind. Wer diese eisernen Reserven anzapft, sollte sich anschließend eine umso größere Verschnaufpause gönnen. Arbeiten Sie ständig im Überlebensmodus, so betreiben Sie Raubbau an ihrem Körper und dürfen sich nicht wundern, wenn Sie allmählich ins Burnout schlittern. Burnout erkennen Sie daran, dass Sie eigentlich nur noch Ihre Ruhe haben wollen, wenn Sie abends nach Hause kommen. Und die Frage „Wozu eigentlich die ganze Plackerei?" bleibt für Sie ein Mysterium.

Welche „Vorteile" bringt nun der Stress mit sich? In der Tat gelingt es vielen besser, sich auf das Wesentliche zu konzentrieren, wenn die Zeit drängt. Wenn es höchste Eisenbahn ist, lassen wir alle überflüssigen Details weg, ignorieren die E-Mail unseres Kollegen (obwohl uns der Cartoon schon reizen würde) und sagen konsequent „Nein!" zu unangemeldeten Besuchern. Diese Scheuklappen bringt der Stress mit sich. Halten wir also fest: Das *Prioritätensetzen* gibt den Ausschlag für unseren Erfolg (weil dieser Aspekt so wichtig ist, kommt der entsprechende Praxistipp zweimal vor)!

Daher nun die alles entscheidende Frage: Ist es *denkbar*, dass es Ihnen gelingt, auch *ohne Stress* das Wesentliche zu erledigen und das Unwesentliche liegen zu lassen? Haben Sie Arbeitskollegen, denen das gelingt? Nein? Haben Sie Arbeitskollegen, die Arbeitskollegen haben, denen das gelingt? Na bitte!

Nehmen Sie sich fünf Minuten für folgende Fragen:

- In welchen Situationen begannen Sie am ehesten rechtzeitig?
- Was müsste passieren (evtl. ein Wunder), damit Sie um 5 Prozent öfter frühzeitig beginnen?
- Wie müsste sich die Situation verändern?
- Was müssten Sie an sich (Selbstorganisation, Einstellung ...) verändern? Was konkret werden Sie davon umsetzen?

Zurück zum Thema: Stress ist eine Möglichkeit, effizient zu arbeiten – aber eben nicht die optimale. Sie sollten sich darüber bewusst sein, dass Sie sich damit dem Diktat des Dringlichen unterwerfen. Wer behauptet, unter Druck am besten zu arbeiten, der manövriert sich – mehr oder weniger unbewusst – immer wieder selbst in Stress-Situationen hinein. Für solche und ähnliche Verhaltensmuster gibt es einen psychologischen Fachausdruck: self-handicapping. Ergo: Schieben Sie höchstens jene Dinge auf die lange Bank, die sich unter Stress tatsächlich am besten erledigen lassen, nämlich die Peanuts!

Tipp 28: Abschluss-Routine

Damit sich diese Peanuts ihrerseits nicht anhäufen, können Sie es sich zur Gewohnheit machen:

* entweder am Beginn des Tages nur Altlasten vom gestrigen Tag aufzuarbeiten
* oder am Ende des Tages keine neuen Aufgaben mehr zu beginnen, bei denen Sie noch nicht einmal einen befriedigenden Teilschritt erledigen können (es sei denn, es gibt keine Altlasten).

Den Tag sollten Sie dynamisch mit den großen Brocken beginnen und mit Kieselsteinen und Schotter ausklingen lassen. Von dieser Faustregel gibt es selbstverständlich Ausnahmen – und doch gilt sie für 80 Prozent der Fälle. Die nachmittägliche Abschluss-

Routine hilft Ihnen zusätzlich, besser vom Tag abzuschalten.

Tipp 29: Politik der kleinen Schritte

Beginne nicht mit einem guten Vorsatz,
sondern mit einer kleinen Tat.
Deutsches Sprichwort

Es ist immer heute der Tag, den Sie genießen können. Es ist aber auch immer heute der Tag, an dem Sie etwas für Ihre zukünftige Lebensqualität tun können. Gewöhnen Sie sich deshalb an, einen kleinen Schritt, den Sie sich heute auf Ihr Ziel zubewegen, mindestens in dem gleichen Maße zu würdigen wie einen grandiosen Plan, den Sie morgen umsetzen möchten. Mit dieser Einstellung gelingt es Ihnen, langfristige Projekte frühzeitig mit kleinsten Schritten zu beginnen. Dadurch sehen Sie vor allem, dass es Ihnen prinzipiell *möglich* ist, rechtzeitig anzufangen, und wie lohnenswert dies ist.

Tipp 30: Vortermine

Eine weitere konkrete Arbeitstechnik ist der Vortermin. Angenommen Sie wollen ein Projekt bis zum 31. Mai erledigen. Sie können sich den 17. Mai als Vortermin in Ihrem Kalender vermerken. Nun könnten Sie einwenden, diese Selbstüberlistung funktioniere nicht. Aber merkwürdigerweise funktioniert sie bei vielen Menschen und unser Gehirn akzeptiert nach mehrmaligem Lesen den Vortermin praktisch als echt.

Ganz allgemein kann Ihnen der Vortermin wertvolle Dienste erweisen, indem Sie bei langfristigen Projekten frühzeitig erste Schritte setzen (z.B. Zeitplan aufstellen, Infos einholen). Dadurch verschaffen Sie sich automatisch rechtzeitig einen Überblick, was überhaupt alles auf Sie zukommt – wodurch Sie im schlimmsten Fall *rechtzeitig zu spät* beginnen, im besten Fall aber sogar durch das Erfolgserlebnis des ersten Schrittes motiviert gleich weitere Handlungen folgen lassen.

Tipp 31: Wundermittel Papier

Alles, was Sie schriftlich festhalten, verschafft Ihnen geistigen Freiraum und erleichtert Ihre Konzentration. Bringen Sie daher alle To-dos, die Sie nicht auf der Stelle erledigen werden, zu Papier. Sie verschaffen sich einen Überblick und erhöhen damit Ihre Chancen dahingehend, mit den wirklich wesentlichen Dingen zu beginnen und nicht mit jenen, die Ihnen zufällig gerade in den Sinn kommen.

Tipp 32: Erst die Arbeit, dann das Vergnügen

Vielleicht haben Sie das leise Gefühl, dass – wenn Sie sich selbst so beim Handeln beobachten – immer wieder verschiedene Ichs die Oberhand gewinnen. Zum Beispiel das verspielte Kind oder das gemütliche Ich. Sorgen Sie für einen Ausgleich zwischen diesen verschiedenen Ichs. Aber achten Sie auf die Reihenfolge. Als Aktionist neigen Sie nämlich dazu, sich in ruhigen Zeiten fast ausschließlich mit den Dingen zu beschäftigen, die Ihnen Vergnügen bereiten oder spannend sind. Wenn Sie die bewährte Weisheit befolgen „Zuerst die Arbeit, dann das Vergnügen!", kann Ihnen nichts mehr passieren. Die Arbeit wird dadurch, dass Sie sie rechtzeitig erledigen, nur angenehmer. Und Ihre Vergnügungen können Sie nach getaner Arbeit viel intensiver genießen – ganz ohne das schlechte Gewissen, dass Sie ja eigentlich etwas anderes zu tun hätten.

Aber Vorsicht! Achten Sie unbedingt darauf, dass Sie Ihre Versprechen gegenüber anderen Ichs einhalten und sich nach getaner Arbeit auch wirklich ins Vergnügen stürzen. Ansonsten erziehen Sie sich selbst zur Faulheit! Ihr Schweinehund kriegt spitz, dass Sie nicht vertrauenswürdig sind. Dass Sie versucht haben, ihn um den vereinbarten Knochen zu prellen. Und so wird er beim nächsten Mal umso widerborstiger sein. Die Ausnahme von dieser Regel bildet natürlich der häufig anzutreffende Fall, dass Ihnen die ursprünglich negativ besetzte Arbeit – einmal angefangen – Freude bereitet.

Tipp 33: Morgenstund' hat Gold im Mund

Ein deutsches Sprichwort besagt: „Der Morgen ist klüger als der Abend." Selbstdisziplin funktioniert neuen wissenschaftlichen Erkenntnissen zufolge einem *Muskel* vergleichbar. Deswegen verkürzt sich bei vielen der Geduldsfaden im Laufe des Tages. Der Schweinehund erwacht immer mehr zum Leben und es fällt den Betroffenen zunehmend schwer, sich zu einer aufwändigen Aufgabe durchzuringen. Der Muskel Selbstdisziplin ist zu später Stunde bereits etwas erschlafft. (Vielleicht ist Ihnen selbst schon einmal aufgefallen, dass Sie am ehesten am Abend Ihren Ernährungsplan brechen oder „doch keine Lust mehr" haben, Sport zu betreiben.) Alles, was Sie mit in den Nachmittag (oder gar in die Überstunden) hinein schleppen, läuft Gefahr, liegen zu bleiben. Erledigen Sie also prioritäre Arbeiten gleich in den frühen Morgenstunden, am besten noch vor der ersten Kaffeepause.

Der Nachdenker

Leidsätze

Wenn Sie zu den Nachdenkern gehören, suchen Sie Ihr Heil eher in Fragen denn in Antworten. Hier sind einige für Nachdenker charakteristische Leid-Fragen angeführt:

- „Was mache ich bloß, wenn ...?" – Das Wenn bezieht sich in der Regel auf den unwahrscheinlichen „Größten Anzunehmenden Unfall".

- „Will ich das wirklich? Vielleicht ist das gar nicht das Richtige für mich?" – Ja, vielleicht, vielleicht aber auch nicht. Der Nachdenker trifft selten Fehlentscheidungen, weil er mehr nachdenkt als handelt. Fehler sind ihm ein Gräuel und er versucht jedem möglichen Irrtum von vornherein aus dem Wege zu gehen.

- „Was meinst du dazu?" – Der Nachdenker lechzt nach Bestätigung und Ratschlägen von anderen. Da die anderen sich natürlich nicht untereinander absprechen, geben sie dem Nachdenker einander widersprechende Tipps – und er bleibt verwirrt zurück.

- „Mit Druck geht bei mir gar nichts!" – Ganz im Gegensatz zum Aktionisten kann der Nachdenker unter Stress kaum einen klaren Gedanken fassen, sondern erstarrt geistig zur Salzsäule.

Ursachen

Niemand ist beklagenswerter als jener Mensch, dem nichts so sehr zur Gewohnheit geworden ist wie die Unentschlossenheit.
William James

Wie gesagt können zwei Arten der Aufschieberitis unterschieden werden: die Entscheidungs-Aufschieberitis und die Handlungs-Aufschieberitis. Der Nachdenker macht exzessiv von ersterer Gebrauch. Er kann sich häufig nicht entschließen, was er überhaupt tun will, wann der beste Zeitpunkt zum Beginnen ist, welches die optimale Art der Umsetzung ist und so weiter und so weiter. Die Ursache für diese Unentschlossenheit ist sein ausgeprägtes Sicherheitsbedürfnis. Vergleichbar der Suche nach dem heiligen Gral, sehnt er die hundertprozentige Entscheidung herbei. Er fordert – noch bevor er etwas ausprobiert hat – eine Garantie dafür, dass seine Entscheidung – rückblickend betrachtet – die einzig wahre gewesen sein wird.

Konsequenzen

Der Hang zum Grübeln bringt die Balance zwischen Denken und Handeln aus dem Lot. Die Frage „Was mache ich bloß, wenn ...?" beantwortet sich der Nachdenker selten. Er lässt sich von dem Problem hypnotisieren und verfällt in „Lageorientierung", in der er den Löwenanteil seiner Zeit der Konzentration auf seine aktuellen Ängste und Fehler aus der Vergangenheit widmet. Verbringt der Aktionist zu wenig Zeit mit der Planung, so ist es beim Nachdenker gerade umgekehrt. Auf Grund seines Sicherheitsbedürfnisses verlangt der Nachdenker nach einem hohen Maß an Informiertheit, Strukturen und geregelten Abläufen.

Vorzüge

Wie die anderen Aufschiebe-Typen auch kann sich der Nachdenker in Teamsituation auszeichnen. Er gilt als umsichtig und oft schätzt man an ihm seine Gründlichkeit und Gewissenhaftigkeit bei der Vorbereitung und Problemanalyse. Dennoch kann es vorkommen, dass man ihn als einen „Bremser" empfindet. Der Nachdenker verfällt selten in Aktionismus. Ihm entgeht kein wichtiges Detail. Speziell organisatorische und strategische Aufgaben erfüllt er ausnehmend gut.

Probleme tauchen eher dort auf, wo der Nachdenker auf sich allein gestellt ist. Insbesondere weit reichende Lebensentscheidungen (Karriereschritte, Jobwechsel, Heirat etc.) schleppt er jahrelang mit sich herum. Diese „degenerierten Entscheidungen" laugen ihn aus wie Energievampire.

Wenn Sie zum Typ des Nachdenkers gehören, können folgende Leitsätze Ihnen in Zukunft als Wegweiser dienen:

Tipp 34: Ent-scheiden

In dem Begriff Entscheidung steckt „scheiden". Und scheiden tut bekanntlich weh. Nachdenker vermeiden diesen Schmerz, den das Scheiden von anderen Möglichkeiten verursacht, durch Zögern. Halten Sie sich immer wieder vor Augen, dass Sie ein tatkräftiger Mensch sein können, sofern Sie bereit sind, *kurzzeitig* diesem Abschiedsschmerz standzuhalten. Nach jeder Entscheidung haben Sie etwas ähnlich Positives wie Sicherheit, nämlich *Klarheit*.

Tipp 35: Eigener Risiko-Manager

Vermeiden Sie Risiken nicht länger, sondern werden Sie zu Ihrem eigenen Risiko-Manager! Spielen Sie in Gedanken durch, was Ihnen schlimmstenfalls widerfahren kann, wenn Sie Ihr aufgeschobenes Vorhaben jetzt gleich in die Tat umsetzen („worst case scenario"). Legen Sie Richtlinien dahingehend fest, wie viel Zeit Sie – in Abhängigkeit von den jeweiligen Chancen – einzelnen Entscheidungen einräumen wollen. Entwickeln Sie zu Beginn in jenen Bereichen Entschlusskraft, in welchen es Ihnen am leichtesten fällt. Zum Beispiel beim Einkaufen von Lebensmitteln, bei denen es um eine Mehr- oder Wenigerausgabe von nur einigen Cent geht.

Als Rosskur schlage ich Ihnen vor, für einige Zeit in entgegengesetzter Richtung zu übertreiben: *Wird es Sie das Leben kosten:*

- einen Kaltanruf bei einem Ihnen unbekannten Menschen und potenziellen Kunden zu tätigen?
- Ihrem Mitarbeiter zu sagen, dass Sie mit seiner Leistung unzufrieden sind?
- zuzugeben, dass Sie einen Fehler begangen haben?

Vor allem aber: Denken Sie nicht nur an die Risiken, sondern immer auch an die Chancen!

Tipp 36: Jetzt-Formel

Den meisten Menschen
sollte man in ihr Wappen schreiben:
Wann eigentlich, wenn nicht jetzt?
Kurt Tucholsky

Dabei hilft Ihnen die Jetzt-Formel. Sie anzuwenden heißt, dass Sie sich gleich einem Sportkommentator *unablässig* vorsagen, was Sie gerade tun und gleich als Nächstes tun werden. Wozu das gut sein soll? In vielen Fällen ist es die Angst, die Sie vom Handeln abhält. Angst bezieht sich immer auf die Zukunft („Was ist, wenn ...?"). Deswegen haben Kinder weniger Angst, auf Bäume zu klettern. Auf Grund der fehlenden Erfahrungen aus der Vergangenheit können sie sich Hals- und Beinbrüche nicht in den schillerndsten Farben ausmalen. Wenn Sie sich voll auf Ihre unmittelbar anstehenden Schritte in der allernächsten Gegenwart konzentrieren, kann diese Angst nicht aufkommen.

Die Jetzt-Formel empfiehlt sich für solche Fälle, in denen vollkommen klar ist, dass Sie eine Sache tun wollen, die Sie früher oder später sowieso erledigen müssen, kurzum: Wenn es einfach besser ist, sofort anzufangen. Erzielen Sie mit der Jetzt-Formel nicht auf Anhieb die gewünschten Resultate, nehmen Sie sich die Zeit, die Konzentration auf die gegenwärtigen Handlungen in einem Bereich zu üben, wo für Sie nichts auf dem Spiel steht (z.B. beim Essen). Eine durchaus erwünschte Nebenwirkung besteht dabei darin, dass Sie Ihre Fähigkeit zu genießen verbessern.

Nichts für Anfänger

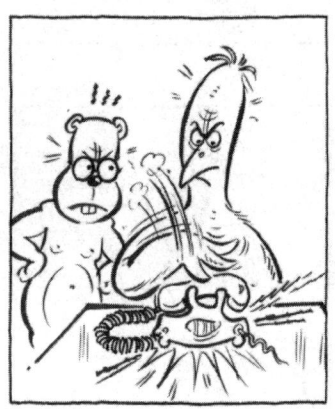

Tipp 37: Roboter-Technik

Lenken Sie angesichts einer unerfreulichen Aufgabe
Ihre Aufmerksamkeit rein auf Ihre Muskeltätigkeit
oder den motorischen Ablauf einer Handlung. Geben
Sie beispielsweise das Signal an Ihre:

- „Sprachwerkzeuge", einen Satz auszusprechen, auch wenn er Ihnen Angst einflößt.
- Beine, einen Schritt vorwärts zu machen, wenn Sie vom Sprungbrett ins kühle Nass springen wollen.

Die Roboter-Technik basiert auf demselben Prinzip wie die Jetzt-Formel, bloß dass Sie bei ihr den Fokus noch weiter verkleinern.

Tipp 38: „Ich habe Recht!"

Was man zu lang bedenkt, das wird bedenklich.
Deutsches Sprichwort

Diesen Satz erlernen viele Notärzte und Sanitäter. Denn am Unfallort müssen sie häufig binnen Minuten und Sekunden Entscheidungen mit schwer wiegenden Folgen treffen – trotz dürftiger Informationen über den Unfallhergang sowie die Krankengeschichte des Unfallopfers und ohne im Besitz aussagekräftiger Röntgenbilder zu sein. Die Blanko-Behauptung „Ich habe Recht" kann Ihnen dazu dienen, sich in der Situation zu behaupten und handlungsfähig zu werden. Auch wenn Freunde und Bekannte Ihnen unterschiedliche Ratschläge geben.

Natürlich führt nicht jeder von uns das Leben eines Notarztes. Wir können aber von ihm lernen, wie es möglich ist, Handlungsblockaden zu überwinden. Der vorgeschlagene Leitsatz ist für die akute Handlungssituation gedacht.

Tipp 39: Ent-sorgung

Viele wissenschaftliche Studien belegen, dass Menschen, die den Kopf nicht in den Sand stecken, sondern sich auf die Herausforderungen der Zukunft einstellen, widerstandsfähiger (resilienter) sind. Dies trifft allerdings nur dann zu, wenn es sich bei der Zukunftsbezogenheit um *handlungsorientierte Gedanken* handelt und nicht um *gefühlsorientierte Sorgen*. Belassen Sie es mithin nicht bei dem Satz „Um Gottes willen, was mache ich bloß, wenn ...?", sondern überlegen Sie sich konkrete Schritte, die Sie im Fall der Fälle einleiten werden.

Tipp 40: Cool thoughts

Einer der wichtigsten Leitsätze dieses Buches lautet: „Erst denken – nicht handeln, dann handeln – nicht denken." Während beim Aktionisten und Angepassten der Teil vor dem Komma gestärkt werden sollte, konzentrieren sich Nachdenker besser auf den Teil hinter dem Komma. Gedacht haben Sie wahrscheinlich schon für zwei Leben.

Das Nichtdenken ist ein schwieriges Unterfangen. Der kritische Punkt ist, *was* Sie denken. Sind es blockierende heiße Gedanken (hot thoughts) oder hilfreiche, kühle Gedanken (cool thoughts). Wenn Sie sich in erster Linie auf Ihre Gefühle (hot thoughts) konzentrieren, verharren Sie in der Lageorientierung. Handlungsorientierung hingegen bedeutet, die Gefühle zwar anzuerkennen, aber nicht an ihnen rütteln zu wollen. Sie fühlen sich unsicher? Gut! Sie hegen Selbstzweifel? Auch gut! Aber Sie können Ihre Gefühle Gefühle sein lassen und *trotzdem* etwas unternehmen. Konzentrieren Sie sich ganz auf Ihre Handlungen (cool thoughts).

Tipp 41: Innere Demokratie

Verabschieden Sie sich von dem Glauben, sämtliche inneren Stimmen miteinander in Einklang bringen und einen Konsens erreichen zu *müssen*. Natürlich ist es gut, wenn diese Eintracht besteht, aber es genügt eine einfache Mehrheit bei Entscheidungen mit zu vernachlässigenden Chancen und Risiken (z.B. Kleidung kaufen) und eine Zweidrittelmehrheit bei Entscheidungen mit gewichtigen Konsequenzen (z.B. Kinder ja oder nein, Wohnungs- oder Berufswahl etc.).

Tipp 42: Selbststarter „eigentlich"

Nachdenker vertrauen ihrer Intuition kaum. Auch wenn ihnen ihr Bauch mit dem Zaunpfahl winkt, sammeln sie weiter Informationen. Darum kann Ihnen das unscheinbare Wörtchen „eigentlich" als Signal dienen. Bei näherer Betrachtung ist Unpünktlichkeit ebenfalls eine Spielart der Aufschieberitis (auch wenn der Nachdenker kaum davon betroffen ist, sondern eher der Aktionist). Sie rührt meist daher, dass wir den Abschluss der vorhergehenden Aufgabe hinauszögern. Doch gibt es da nicht die Stimme der inneren Weisheit, die Stimme der Intuition, die uns regelmäßig rechtzeitig gemahnt „Eigentlich solltest du dich auf den Weg zu der Besprechung machen"? Benutzen Sie derartige „Eigentlichs" wie ein *Stoppschild*. Halten Sie inne, um zu prüfen, ob Sie nicht schon längstens wissen, was Sie tun wollen. Denn auch in diesem Zusammenhang tritt es auf: „Eigentlich solltest du jetzt wirklich beginnen."

Definieren Sie daher gleich jetzt einen Bereich in Ihrem Leben, in dem Sie ab heute beginnen, Ihrer Intuition zu folgen (z.B. bei der Urlaubsplanung).

 Vorsicht ist insofern geboten, als auch der Schweinehund sich des Wortes „eigentlich" bedient. Das Stoppschild hat die Funktion, dass Sie sich die Zeit nehmen, um zwischen

der Stimme des Schweinehundes und der Stimme der inneren Weisheit unterscheiden zu können.

Tipp 43: Tun-als-ob

Sollte die Intuition einmal stumm bleiben, erweisen Sie der guten alten Münze die Ehre: Werfen Sie ein Geldstück in der festen Absicht, das Schicksal entscheiden zu lassen. Sie tun so, als ob die Entscheidung verbindlich wäre. Auf diese Weise können Sie herausfinden, wie sie sich anfühlen würde. Diese Methode ist nicht wirklich neu, aber ausgesprochen hilfreich und daher wert, sich ihrer zu erinnern.

Tipp 44: Vollendete Tatsachen

Sie können als Nachdenker viele Kopfschmerzen durch Seelenruhe ersetzen, wenn Sie sich selbst Rahmenbedingungen schaffen, unter denen Ihnen etwas weniger Spielraum zum Grübeln bleibt. Angenommen Sie wollen dringend etwas für Ihre Fitness tun, können sich aber nicht entscheiden, ob Sie einen Spielsport wie Badminton oder Squash ausüben sollen oder lieber eine Kampfsportart wie Karate oder Judo. Da Sie nicht wissen, was das Beste für Sie ist, tun Sie gar nichts. Vollendete Tatsachen schaffen Sie nun, indem Sie sich bei einem Fitness-Club mit einer all-inclusive-Pauschale anmelden. Das investierte Geld löst den Mechanismus „Rechtfertigung des Aufwands" aus: „Jetzt habe ich so viel Geld ausgegeben, jetzt bleibe ich auch dabei."

Tipp 45: Entscheidung auf Zeit

Eine weitere Technik, das Nachdenken in geordnete Bahnen zu lenken, besteht darin, dass Sie sich einen Checkpoint im Kalender notieren, bis zu dem Sie einen der vielen möglichen Wege probeweise beschreiten. Zum Beispiel können Sie mit diesem Verfahren herausfinden, wie gut Sie mit einer Ernährungsumstellung zurechtkommen. Bis zum Erreichen des Checkpoints dokumentieren Sie in einer Art Tagebuch sowohl alle Zweifel und Versuchungen, die Ihnen der Schweinehund oder auch Bekannte zuflüstern, als auch alle Vorteile und angenehmen Erfahrungen. Aber an Ihrer Entscheidung ist nichts zu rütteln. Gelangen Sie schließlich an Ihren persönlichen Checkpoint, können Sie Ihre Entscheidung überdenken. Anschließend treffen Sie eine weitere Entscheidung auf Zeit.

Tipp 46: Opportunistisches Planen

Vielleicht vermuten Sie, dass ein planvolles Vorgehen bedeutet, bis ins kleinste Detail zu wissen, wie Sie an Ihr Ziel gelangen. Möchten Sie wissen, was in den Köpfen handlungsorientierter Menschen vorgeht? Man hat festgestellt, dass die meisten lediglich eine konkrete Vorstellung haben:

- von ihrem Ziel und
- von den ersten Schritten auf dem Weg zum Ziel.

Von einem lückenlosen Plan oder der Gewissheit, dass das Ziel erreicht wird, keine Spur! Verabschieden auch Sie sich von der Vorstellung, alle Unwägbarkeiten im Voraus berechnet haben zu müssen. Opportunistisches Planen bedeutet, dass Sie sich auf den Weg begeben und diesen Weg Ihrem Plan immer wieder anpassen, während Sie ihn beschreiten. Es ist, als ob Sie im Auto von Berlin nach München fahren. Sie können nicht jede Kurve und alle Verkehrsteilnehmer vorausberechnen, sondern dürfen sich darauf verlassen, dass Sie beim Eintreten einer neuen Situation die entscheidende Geistesgegenwärtigkeit zeigen werden. – *Aufgabe*: Erinnern Sie sich an Begebenheiten, bei denen Sie erfolgreich improvisiert haben.

Tipp 47: Initialzündung

> *Der Anfang ist der wichtigste Teil der Arbeit.*
> Platon

Die Initialzündung ist eine paradoxe Strategie, um den ersten Schritt zu setzen. Geben Sie sich selbst das Versprechen, dass Sie bezüglich einer Aktivität *nur* den ersten Schritt setzen oder *nur* drei Minuten daran arbeiten. Die meisten Menschen halten es glücklicherweise nicht durch, nur zu beginnen. Sie werden dann „schwach" und hängen gleich die nächsten Schritte dran. In diesem Fall ist ein Sieg des Schweinehundes jedoch ganz in unserem Sinne.

Wie geht es Ihnen normalerweise, wenn Sie erst einmal:

* sich an den Schreibtisch gesetzt und angefangen haben, Ihre Belege für die Steuererklärung zu sortieren?
* im Trainingsanzug vor die Tür getreten sind?
* morgens aufgestanden sind und unter der Dusche stehen?

Vielleicht haben Sie auf viele Dinge am Anfang keine Lust. Aber der Appetit kommt oftmals mit dem Essen. Sie merken, dass die Tätigkeit gar nicht schrecklich, sondern befriedigend ist.

Übung: Welche Situationen fallen Ihnen ein, bei denen es nur darauf ankam, das Eis zu brechen? Was heißt das für die Tätigkeiten Ihrer Watchlist (s. S. 17)?

Tipp 48: Anlauf-Technik

Eine der wichtigsten Regeln lautet: „Erst die Arbeit, dann das Vergnügen." Aber von jeder Regel gibt es Ausnahmen. So auch hier. Wenn Sie gewohnheitsmäßig mehr Zeit als nötig mit Nachdenken verbringen, ehe Sie eine Aktivität starten, dann können Sie diese „überschüssige" Zeit anderweitig besser nutzen. Schalten Sie jeder neuartigen Aufgabe, die Sie viel Überwindung kostet (z.B. einen neuen Geschäftskontakt telefonisch anbahnen), eine Ihrer Lieblingstätigkeiten vor (z.B. im Internet surfen). Definieren Sie unbedingt im Vorfeld, wie viel Zeit Sie sich selbst einräumen, um der angenehmen Tätigkeit nachzugehen. Generell sollten Sie diese Zeit kurz halten (z.B. fünf Minuten). Erledigen Sie die angenehmen Tätigkeiten aber nicht in der Absicht, zu flüchten, sondern um Energie für die bevorstehende Herausforderung zu tanken. Das ist der entscheidende Unterschied!

Der Abgehobene

*Das Problem mit guten Ideen ist,
dass sie schnell zu harter Arbeit degenerieren.*
Peter Drucker

Die Selbsthilfegruppe

Leidsätze

- „Das mache ich mit links/Das geht locker/Kein Problem!" ist vom Abgehobenen häufig zu hören: Auf der anderen Seite verzweifelt er leicht, wenn sich der Erfolg nach kurzer Zeit nicht – wie erwartet – von allein einstellt.

- Dann fragt er sich: „Was ist der Trick?" Seiner Ansicht nach muss es einen Weg geben, wie alles ganz einfach geht. Wenn der Abgehobene einen solchen Weg nicht findet, kann es leicht passieren, dass er letztlich verzweifelt: „Was ist an dieser Sache eigentlich so schwierig? Das gibt es doch nicht!"

- Aber nicht nur große Projekte überfordern ihn, auch die kleinen Dinge des täglichen Lebens rauben ihm den Nerv. „Das ist mir viel zu mühsam!" Besonders hart trifft es jedoch den talentierten Abgehobenen. Er ist nämlich davon überzeugt, zu Höherem berufen zu sein. Mit lästigen Alltagsarbeiten wie der Ablage oder dem Unkraut jäten sollte *er* sich nicht herumplagen müssen. Wenn das Image einer Aufgabe nicht mit seinem übersteigerten Selbstbild mithalten kann, diffamiert er diese als Beschäftigungstherapie.

Ursachen

Es gibt gleich mehrere Möglichkeiten, wie jemand zum Abgehobenen werden kann. Vielleicht handelt es sich beim Abgehobenen tatsächlich um eine talentierte Person. Doch Talent hat auch Tücken. Denn in seinen ersten Lebensjahren geht ihm zwar einiges leicht von der Hand, worum sich seine Spielkameraden bemühen müssen. Doch irgendwann überholt ihn der Zug der Zeit, dem er glaubte voraus zu sein. Seine Altersgenossen haben gelernt, dass sie sich für ihre Ziele engagieren müssen, während der Abgehobene die Überzeugung entwickelt hat, sich nicht anstrengen zu *dürfen* – da seiner Auffassung nach brillante Menschen ohne Mühsal ihre Ziele erreichen.

Trotzdem will der Abgehobene eine Person sein, zu der man bewundernd aufsieht. Vieles fängt er an – allein am Durchhaltevermögen mangelt es ihm. Weil Lernfortschritte die natürliche Tendenz haben, bei gleich bleibendem Engagement mit der Zeit immer etwas geringer auszufallen. Folgerichtig entwickelt sich der Abgehobene zu einem richtigen Multitalent, der vieles gut, aber kaum etwas wirklich sehr gut kann.

Andere Abgehobene schweben nicht in der Gefahr des Selbstbetrugs. Sie sind weniger begabt. Dafür haben sie Eltern, die ihnen eine „schwere Kindheit" ersparen wollten, die sie selbst hinter sich hatten. Das Resultat: Ein überbehütetes Kind, das sich niemals ernsthaft anstrengen musste. Und so wird aus dem überbehüteten Kind nicht selten ein so genannter „Anstrengungsvermeider". Oft hängt er Träumen nach, in denen er sich seine zukünftigen Handlungen ausmalt („Eines Tages werde ich ...").

Der Abgehobene versteckt sich regelmäßig hinter dem Konjunktiv: „Wenn ich die Chance gehabt hätte, auf eine bessere Schule zu gehen, wäre ich ein noch viel erfolgreicherer Geschäftsmann geworden." Unglücklicherweise unterstützen viele seiner Mitmenschen den Abgehobenen in diesem Denken – obwohl er sich selbst keinen Gefallen damit tut, sich hinter verpassten Chancen und ungünstigen Umständen zu verschanzen.

Konsequenzen

Logischerweise muss es der Abgehobene vermeiden, höchsten Einsatz zu bringen, denn seine wahren Grenzen möchte er gar nicht kennen. So gibt er sich vorsichtshalber damit zufrieden, seinen Bekannten von seinen neuesten Plänen und Ideen zu erzählen. Das erhoffte Lob heimst er häufig bereits für seine Vorhaben ein, wodurch für ihn noch weniger Veranlassung besteht, tatsächlich etwas zu tun.

Die abgehobene Geisteshaltung erzeugt Chaos – z.B. in Form von Unordnung am Arbeitsplatz. Der Abgehobene ignoriert dabei, dass die Erledigung bestimmter Kleinigkeiten die Erledigung seiner eigentlichen Prioritäten massiv unterstützen würde.

Auch schließt der Abgehobene Projekte häufig nicht ab, sondern beschäftigt sich lieber mit innovativen Konzepten. Die mühselige und Nerven aufreibende Durchführung – „die Details", wie er es gerne ausdrückt – überlässt er lieber anderen. Ein Quäntchen Arroganz ist dem Abgehobenen bei alldem nicht abzusprechen. Das Problem, das sich aus dieser Haltung ergibt, besteht allerdings darin, dass sich viele Dinge nur schwer delegieren lassen und darüber hinaus auf Dauer nicht aufgeschoben werden können, ohne dass die eigene Leistungsfähigkeit darunter leidet. Das zeigt sich insbesondere im Privatbereich. Hier kommt es nicht selten zu Konflikten zwischen dem Abgehobenen und seinen Mitmenschen. Denn diese sind natürlich selbst wenig daran interessiert, die Knochenarbeit zu übernehmen.

So bleibt der Abgehobene meist weit hinter seinen eigentlichen Möglichkeiten zurück. Und das nur, weil er glaubt, es nicht nötig zu haben, genauso hart für seine Erfolge arbeiten zu müssen wie andere. Andererseits setzt er sich häufig unrealistische Ziele und erkennt erst sehr spät, in welchen Bereichen seine Stärken und Schwächen in Wirklichkeit liegen.

Vorzüge

Der Abgehobene genießt in der Arbeitswelt häufig ein hohes Ansehen als kreativer Kopf. Vor allem im Team sind seine innovativen Fähigkeiten ausgesprochen nützlich. Ergo tut sich der Abgrund für den Abgehobenen erst dort auf, wo er auf sich allein gestellt ist. Obendrein beherrscht der Abgehobene das Delegieren nahezu perfekt. Für Arbeiten, die ihm keine Freude bereiten, nutzt er geschickt Synergien mit anderen Menschen. Allgemein ausgedrückt: Wo immer ein Weg gefunden werden kann, sich das Leben zu erleichtern, wird ihn der Abgehobene sicher finden.

Nehmen Sie sich noch einmal fünf Minuten Zeit, um folgende Fragen zu beantworten:

- Was wäre das Gute daran, wenn Sie Ihre derzeitigen „wahren" Grenzen kennen würden?
- Welche Ihrer Fähigkeiten wird Sie darin unterstützen, diese Grenzen zu erkunden und zu akzeptieren, um Sie anschließend zu erweitern?
- In welchen Situationen haben Sie sich in der Vergangenheit am meisten reingekniet? Welche positiven Erfahrungen haben Sie dabei gesammelt?
- Wie haben Sie das gemacht, sich hundertprozentig zu engagieren?

Tipp 49: Angriff ist die beste Verteidigung

Es gibt keine langwierige Arbeit, ausgenommen die, mit der du nicht zu beginnen wagst.
Charles Baudelaire

Aufschieberitis ist der Versuch, unangenehmen Konsequenzen oder Gefühlen zu entkommen. Dieser Versuch, sich das Leben zu erleichtern, scheitert. Sonst würden Sie dieses Buch jetzt nicht lesen. Die Idee zu flüchten mag aber nicht einmal die schlechteste sein. Wenn Sie schon glauben, flüchten zu müssen, gewöhnen Sie sich wenigstens eine neue Art der Flucht an: Flüchten Sie, indem Sie sich frisch ans Werk machen! Getreu dem Motto: Angriff ist die beste Verteidigung. Machen Sie sich bewusst, wie gut es Ihnen geht, sobald Sie die Angelegenheit erledigt haben. Auf diese Weise können Sie zum Beispiel Haus- oder Gartenarbeiten am Freitag erledigen, um befreit ins Wochenende zu gehen. Viele fleißige Leute sprechen aus, worum es hier geht: „Gerade *weil* ich bequem bin, erledige ich es gleich/halte ich Ordnung."

Tipp 50: Fleißig statt genial

Abgehobene glauben allzu leicht, dass die wahrhaft großartigen Personen sich ihren Erfolg nicht hart erarbeiten müssen, sondern dass er ihnen quasi in den Schoß fällt. Vielleicht führen auch Sie Ihre Erfolge zu oft auf Konstanten oder unbeeinflussbare Größen zurück, die von Ihrer Anstrengungsbereitschaft unabhängig sind, etwa auf das soziale Umfeld, in das Sie hineingeboren sind, auf Ihre Begabungen, Ihren Charakter, Glück, Schicksal usw. Oder Sie glauben, dass einmalige geniale Einfälle zu einem sorglosen Leben führen.

Es gilt, dass Sie sich weniger auf derartige Konstanten verlassen, sondern sich stärker bewusst machen, welche *Taten* Sie in der Vergangenheit zum Erfolg geführt haben und Sie in Zukunft zum Erfolg führen werden: Was wäre aus Ihnen geworden, wenn Sie sich nicht Ihren Talenten gemäß betätigt hätten? Ihre

Begabung wäre verkümmert und Ihnen womöglich nicht einmal bekannt. Vergegenwärtigen Sie sich, was Sie aktiv zur Verwirklichung Ihrer Fähigkeiten beitragen und bereits beigetragen haben. In welchen Bereichen haben Sie an sich gearbeitet, falls Sie eine charismatische Persönlichkeit sind? (Vielleicht haben Sie ein positives Menschenbild, halten offenen Blickkontakt oder fühlen sich in Ihr Gegenüber ein.) Durch welche *Handlungen* haben Sie Ihre guten Beziehungen aufgebaut? (Wahrscheinlich gehen Sie freundlich mit den entsprechenden Personen um.) In allen Fällen hängt Ihr Erfolg unmittelbar mit Ihren Handlungen/Ihrem Verhalten zusammen. Es ist natürlich bequemer, sich als genial zu betrachten, denn dann kann man sich auf seinen Lorbeeren ausruhen. Genialität mag eine Konstante sein, aber der Fleiß, die damit verbundenen Fähigkeiten auch in die Tat umzusetzen, fordert Sie jeden Tag aufs Neue heraus!

Machen Sie sich die größten Erfolge Ihres bisherigen Lebens bewusst. Was haben Sie *getan*, um das alles zu erreichen?

Tipp 51: Vorfahrt für Schritte

> *Das geringste Schaffen steht höher*
> *als das Gerede über Geschaffenes.*
> Friedrich Nietzsche

Kennen Sie das gute Gefühl, das Ihnen ein soeben aufgestelltes Vorhaben verleiht? Sie fühlen sich frisch motiviert, haben neue Hoffnung geschöpft und blicken der Zukunft zuversichtlich entgegen. Dieser Zustand ist ein zweischneidiges Schwert! Im Sinne des „Auf die Plätze – fertig – los!" haben Sie nämlich erst den Teil „Auf die Plätze – fertig" absolviert. Getan oder erreicht haben Sie noch gar nichts. Verinnerlichen Sie die Einsicht, dass ein detailliert formuliertes und geplantes Vorhaben zwar die *Voraussetzung* für Ihre Errungenschaften darstellt, aber noch nicht die Taktik ist. Misstrauen Sie dem Augenblick, in dem Sie sich durch das Aufstellen eines Vorhabens bereits allzu wohl in der eigenen Haut fühlen, und nutzen Sie den Motivationsschub stattdessen, um sofort einen ersten Schritt in die veranschlagte Richtung zu unternehmen. Denn die Motivation, die Sie nach dem Aufstellen des Ziels bekommen, ist ein *Vorschuss*. Sie genießen ein Wohlbefinden auf Kredit. Einsatzorientierung heißt, dass Sie mit konkreten Schritten – ob nun erfolgreich oder erfolglos – punkten können.

Tipp 52: Working Party

Dieser Praxistipp kommt der Philosophie des Abgehobenen ziemlich nahe. Arbeit darf Spaß machen – warum also nicht das Unangenehme mit dem Angenehmen verbinden und eine Arbeitsfete schmeißen?! Dazu bieten sich besonders alle Haus- und Gartenarbeiten an. Zuerst befreien Sie mit dem Nachbarn dessen Garten vom Unkraut, anschließend Ihren eigenen.

Am Abend können Sie ein gemeinsames Grillfest feiern. Nutzen Sie Ihre ausgeprägte Innovationskraft dazu, Unangenehmes möglichst angenehm zu gestalten – statt kreative Ausreden zu erfinden.

Tipp 53: Lernpartnerschaften

Lernpartnerschaften fördern insbesondere den Lerntransfer nach Seminaren, bei denen man sich erfahrungsgemäß gerne viel vornimmt. In der Praxis hat es sich als sehr günstig erwiesen, nach Möglichkeit Teams mit *drei* Personen zu bilden. Angenommen Sie möchten regelmäßig schwimmen gehen. Dann besteht bei nur zwei Personen die Gefahr, dass Ihr Partner des Öfteren ebenso wenig Lust hat wie Sie. Gesellt sich ein Dritter hinzu, steigt die Wahrscheinlichkeit enorm, dass zumindest immer einer so gut drauf ist, dass er die anderen beiden aus den Fängen des Schweinehundes befreien kann.

Tipp 54: 100 Prozent Einsatz

Womöglich gehören auch Sie zu jenen, die morgens gerne noch länger im Bett liegen bleiben würden. Vielleicht gehören Sie sogar zu den Menschen, die das Gefühl haben, dass sie es regelrecht nicht schaffen aufzustehen. Falls Sie jedoch nicht über Nacht einen Muskelschwund erlitten haben, liegt es höchstwahrscheinlich an Ihrem Einsatz und nicht an Ihrem Können. Überlegen Sie sich einmal, in welchem Bereich Sie Ihren größten Einsatz bringen! Vielleicht ist es im Sport, vielleicht ist es bei Ihrer Lieblingsaktivität in der Firma. Was wäre, wenn Sie mit demselben Elan an das Aufstehen herangingen? Wenn Sie in Zukunft vor einer schwierigen Aufgabe stehen, kann Ihnen die Frage helfen: „Angenommen ich setze mich hundertprozentig ein – was kann ich dann alles?"

! Natürlich wäre es Unsinn, alles im Leben mit hundertprozentigem Einsatz vollbringen zu wollen. Ähnlich wie beim Prioritätensetzen sollten Sie je nach Situation entscheiden. Es kommt hier vor allem darauf an, dass Ihnen bewusst wird, dass Sie vermeintlich Unerreichbares erreichen können, sobald Sie Ihre Einsatzbereitschaft hinaufschrauben.

Tipp 55: Ideenspeicher

Falls Sie zur Spezies der Abgehobenen gehören, sprühen Sie nur so vor Ideen und lassen Ihrer Kreativität freien Lauf. Leider neigen Sie dann vermutlich auch dazu, sich immer sofort an die Umsetzung dieser Spontaneinfälle zu begeben – obwohl es häufig bei euphorischen Einmalaktionen bleibt. Greifen Sie deshalb öfter als bisher zum Wundermittel Papier und legen Sie einen Ideenspeicher für großartige Einfälle an. Schlafen Sie dann mindestens eine Nacht darüber. Dadurch, dass etwas Zeit zwischen Idee und Umsetzung vergeht, trennt sich der Weizen wirklich grandioser Ideen von der Spreu der spleenigen Einfälle. Das erspart Ihnen viel Kraft. – Wie Sie spätestens hier sehen, ist nicht jeder Praxistipp für jeden Aufschiebe-Typ gleich gut geeignet. Der Nachdenker beispielsweise schläft nicht nur einmal über seine Ideen, er liegt sogar schlaflos wach, ehe er etwas unternimmt.

Tipp 56: Halbherziger Anfang

> *Der Anfang ist die Hälfte vom Ganzen.*
> Aristoteles

Dieser Sinnspruch ist wohl ein bisschen zu optimistisch geraten, wollen wir zugleich Goethe glauben, bei dem es schließlich heißt: „Fast alles ist leichter begonnen als beendet." Und doch steckt viel praktische Intelligenz in Aristoteles' Formulierung. Der Arbeit ist es nämlich völlig einerlei, ob sie von Ihnen hoch motiviert oder eher unspektakulär nebenbei erledigt wird. Sie können sich bei vielen Tätigkeiten innerlich sogar mit etwas ganz anderem beschäftigen (z.B. Hausputz mit Walkman). Entscheidend ist, *dass* Sie die Arbeit beginnen. Solange Sie morgens im Bett liegen, kommt Ihnen die Welt jenseits der Kuscheldecke natürlich rau und unmenschlich vor. Und doch haben Sie das Aufstehen bisher jeden Tag verkraftet. Ignorieren Sie also nicht Ihre Unlustgefühle, sondern gewöhnen Sie sich daran, dass Sie etwas tun können, *obwohl* es sich anfänglich nicht gut anfühlt. Immer vorausgesetzt, dass dieses Etwas Ihnen auch *sinnvoll* erscheint.

Tipp 57: Die Gunst der Stunde

Natürlich gibt es so etwas wie „die richtige Verfassung". So kann ein Verkäufer jedes Mal, wenn er einen Verkaufsabschluss getätigt hat, seine daraus resultierende Euphorie nutzen, um aufgeschobene Telefonate zu erledigen. Es ist ratsam, eine gute Stimmung zu *nutzen*. Das bedeutet aber nicht, auf gute Stimmung zu *warten*, also von ihr abhängig zu sein.

Der Neinsager

*Die ältesten und kürzesten Wörter – „ja" und „nein" –
erfordern auch das stärkste Nachdenken.*
Pythagoras von Samos

Die To-do-Liste

Das Tückische ist, dass bei Neinsagern die nach-
folgend beschriebenen Verhaltensmuster meist
unbewusst ablaufen. Kaum ein Neinsager möchte sich
verständlicherweise einen solchen Mechanismus ein-

gesehen: „Weil ich den anderen eins auswischen will, sage ich erst Nein, lasse mich dann breitschlagen, ärgere mich und vergesse schließlich meine Zusage als Vergeltung." Deshalb ist es gut möglich, dass Sie eine niedrige Punktzahl im Mañana -Test erzielt haben und dennoch zu den Neinsagern gehören.

Ich selbst habe mehr als nur Anflüge von Neinsagen bei mir entdeckt: Als Kind war meine Lieblingsfarbe Grün. Aber nicht, weil ich die Farbe Grün so ausgesprochen schön gefunden hätte, sondern weil meine Freunde allesamt Blau und Rot bevorzugten. Für mich bedeutete Ich-selbst-Sein, anders als die anderen sein zu müssen.

Leidsätze

- „Das ist nicht fair!" – So oder so ähnlich drückt sich ein Neinsager häufig aus. Ihn kennzeichnet ein ausgeprägter Gerechtigkeitssinn – insbesondere dann, wenn es darum geht, dass *er* der Benachteiligte einer Regelung sein könnte.
- „Warum ausgerechnet ich? Die anderen machen ja das Gleiche (nicht)!"
- „Ich bin selbst so im Stress!", sagt der Neinsager, der vermutet, dass man ihm eine unangemessene Arbeit unterjubeln will.

Ursachen

Das Hauptanliegen des Neinsagers ist die Verteidigung seiner Individualität, seiner Selbstbestimmung, der persönlichen Freiheit. Dies geschieht zumeist in dem Bestreben, sein Selbstwertgefühl zu schützen. Dabei kann er den Umstand, dass Arbeiten an ihn delegiert werden, leicht als Zeichen eigener Unterlegenheit missverstehen. Viele Neinsager kämpfen mit – ausgesprochenen oder unausgesprochenen – Autoritätskonflikten. Sie haben sehr schnell das Gefühl, sich zu unterwerfen oder zu erniedrigen, wenn sie sich nach den Wünschen anderer richten.

Konsequenzen

Um seine Freiheit nicht einzubüßen, versucht der Neinsager, möglichst vielen Verpflichtungen von vornherein zu entgehen. So kann ihn allein schon die Frage reizen, wann er denn heute nach Hause kommt. „Wieso willst du das denn wissen?", antwortet er vielleicht und argwöhnt, dass man ihn nur für den Hausputz, Schwiegermutterbesuche oder ähnliche Peinigungen einspannen will. Die Entscheidung, was er heute tut, möchte er doch bitte schön selbst treffen. Unter keinen Umständen will sich der Neinsager auf etwas festlegen lassen. Deshalb behagt ihm das Aufstellen oder Befolgen von Regeln nicht und zum Teil stört ihn sogar die Koordination mit seinen Teamkollegen.

Dem Neinsager fällt es in Wirklichkeit ausgesprochen schwer, Grenzen zu ziehen. So paradox es klingen mag: Das Neinsagen gehört gar nicht zu seinen Stärken. Gerade deswegen will er sich seine Unabhängigkeit durch Neinsagen beweisen. Als Ventil bieten sich ihm die ungeschriebenen Gesetze des zwischenmenschlichen Zusammenlebens an. Beispielsweise beweist er sich seine Unabhängigkeit durch Unpünktlichkeit, „Vergesslichkeit" oder der großzügigen Auslegung von Vereinbarungen („Wir haben das einmal erwähnt, aber versprochen habe ich nichts."). Dabei unterlaufen ihm Trotz, Vergesslichkeit und Auflehnung ohne böse Absicht.

Traurigerweise kann sich das Neinsagen bis hin zu ungesunder Ernährung und Suchtverhalten steigern. Der Untertitel zu diesem Verhalten lautet sinngemäß: „Mit meinem Leben kann ich machen, was ich will."

Vorzüge

Der Neinsager ist oftmals bekannt und anerkannt als Freiheitskämpfer, als jemand, der für Gerechtigkeit und Fairness im Unternehmen oder in der Familie eintritt. Er denkt kritisch, hinterfragt scheinbar Selbstverständliches und pflegt ein gehöriges Maß an Freidenkerei. Der Neinsager lässt sich nicht so einfach für unlautere Zwecke einspannen und hält ethische Werte in Ehren. Auch ungewöhnliche Ideen stammen häufig von ihm.

> Weisheit bedeutet, etwas zu tun,
> obwohl es die Eltern gesagt haben.

Tipp 58: Autonomie

Autonomie wird mit Freiheit gleichgesetzt und doch steckt der Wortwurzel nach etwas ganz Spezielles dahinter. Denn autonom zu sein bedeutet, nach eigenen Gesetzen zu leben (griechisch: autos = selbst, nomos = Gesetz). Unabhängigkeit, die sich aus der bloßen Abgrenzung von anderen speist, kann so gesehen keine wahre Freiheit darstellen. Machen Sie sich bewusst, dass wahre Freiheit zuallererst darin besteht, nach Gesetzen und Regeln zu handeln, die Sie *selbst* vor dem Hintergrund Ihrer persönlichen Ideale aufstellen.

Tipp 59: Nutzenfilter

Wenn jemand zu Ihnen kommt, den Sie nicht ausstehen können, und dieser Sie um einen Gefallen bittet, können Sie die Angelegenheit selbstverständlich unabhängig von Ihrer persönlichen Abneigung erledigen. Unterscheiden Sie die Person, die Ihnen die Sache zuträgt, von dem Nutzen, den die Erledigung der Sache *Ihnen* bringt. Destillieren Sie sozusagen den persönlichen Nutzen für sich heraus, anstatt sich durch den Umstand paralysieren zu lassen, dass andere ebenfalls von Ihrem Engagement profitieren werden. Wenn Sie sich beispielsweise nach den Wünschen Ihres Vorgesetzten oder denen Ihrer Kunden richten, dann ist es Ihr persönlicher Gewinn, auf diese Weise Ihr Einkommen und Ihren Arbeitsplatz zu sichern.

Tipp 60: Selbstverantwortung

Wenn Sie zu den Neinsagern gehören, steht für Sie die persönliche Freiheit im Vordergrund. Machen Sie sich daher Ihren freien Willen bewusst: „Ich entscheide!" Auch wenn andere Menschen etwas von Ihnen wollen, Sie erpressen oder Ihnen etwas befehlen wollen, so sind es doch in letzter Instanz *praktisch immer* Sie, der entscheidet, ob er etwas tun oder lassen wird. Beispielsweise ist es nicht möglich, Sie zu zwingen, in Ihrem Unternehmen zu bleiben. Sie können theoretisch und praktisch jederzeit kündigen. Aber vielleicht gefallen Ihnen die Konsequenzen der Kündigung nicht („Ob ich angesichts der derzeitigen Arbeitsmarktsituation überhaupt einen neuen Job finde?"). Prinzipiell jedoch kann Sie niemand zum Arbeiten zwingen. Sie brauchen das Geld, um Ihre Familie zu ernähren? Auch dazu werden Sie nicht genötigt, sondern es ist Ihr Verantwortungsbewusstsein, Ihre Liebe, die Ihre Entscheidung begründet. Im Bewusstsein dieser Freiheit und letzten Verantwortung brauchen Sie Ihre Freiheit nicht länger zu verteidigen.

Tipp 61: Besser „Ich will" als „Du musst"

Es ist besser, wenn Sie zu sich selbst sagen „Ich will!", als dass Sie warten, bis andere kommen, die Ihnen sagen „Du musst!". Falls Sie die Politik verfolgen „Ich-warte-bis-jemand-etwas-dreimal-bei-mir-einfordert", dürfen Sie sich nicht wundern, wenn Sie andauernd „belästigt" werden. Immerhin sind Ihre Kunden, Kollegen, Freunde und Familie lernfähig! Man hat erkannt, dass man Ihnen auf die Nerven gehen muss, um etwas zu erreichen.

Tipp 62: Selbstprovokation

Sie sind ein Rebell? Sie lassen sich nicht gerne etwas sagen oder etwas auf sich sitzen? Dann nutzen Sie doch diese Eigenschaft als positive Energieressource! Versuchen Sie es einmal mit einer Art paradoxen Intervention, nämlich indem Sie sich reizen und zu sich sagen:

* „Das ist zu schwierig für dich!"
* „Das schaffst du nie!"

Sie können sich auch alternativ vorstellen, eine Person, die Sie nicht leiden können, hätte etwas Derartiges behauptet. Wichtig: Dieser Praxistipp ist nicht unbedingt für den Nachdenker geeignet. Es gibt eben nicht *den* besten Weg, Aufschieberitis abzubauen, sondern Sie sind gefordert, die für Sie am besten geeigneten Möglichkeiten auszusieben.

Tipp 63: Wetten, dass ...?

In die Strategie der paradoxen Provokation können Sie auch Freunde – oder Konkurrenten – einbeziehen. Schließen Sie Wetten mit Personen ab, die an Ihnen zweifeln. Eventuell genügt es schon, einem Ihrer Konkurrenten zu erzählen, was Sie seit langem vorhaben. Falls er Sie auslacht, ist das ausnahmsweise das Beste, was Ihnen passieren kann. Wohlgemerkt sind Wetten etwas für Neinsager. Hüten Sie sich aber vor Verträgen, da sie Neinsagern das Gefühl geben, eingeengt zu sein.

Tipp 64: Selbstbelohnung

Auch wenn es Ihnen niemand dankt, dass Sie Mehrarbeit leisten – machen Sie sich nicht abhängig vom Lob und der Anerkennung anderer. Sie können sich genauso gut selbst ein Lob für Ihr Engagement aussprechen. Wenn Sie über Ihre eigentlichen Pflichten hinaus das Unmögliche für den Kunden möglich machen, dann doch auch deshalb, weil es Ihnen ein gutes Gefühl bereitet, den Kunden zufrieden zu sehen und Ihren Idealen treu zu bleiben (in diesem Beispiel könnten das Ihre Hilfsbereitschaft und soziale Einstellung sein).

Darüber hinaus können Sie den Anreiz einer aufgeschobenen Aufgabe erheblich steigern, wenn Sie sich selbst für deren Erledigung eine Belohnung versprechen. Das setzt zusätzliche positive Motivation (= hin zu) frei anstelle von negativer Motivation (= weg von). Neinsager gehören nun einmal zu den Freiheits-kämpfern, weshalb positive Motivation bei Ihnen wesentlich wirkungsvoller ist als Druck. Beispiels-weise können Sie sich eine Pause als Belohnung für den dringenden Rückruf versprechen.

Geben Sie sich also nicht jedes Mal damit zufrieden, dass die Erledigung einer Aufgabe immer schon Be-lohnung genug sei. Erstellen Sie zum Beispiel eine Liste von Annehmlichkeiten, die Sie sich ohnehin immer schon einmal gönnen wollten (Besuch in ei-nem Nobelrestaurant, eine CD, Massage o.Ä.). Ord-nen Sie anschließend jedem dieser Dinge eine aufge-schobene Aufgabe zu, die sie *zuvor* erledigen werden. Die Zuordnungsregel lautet selbstverständlich: kleine Aufgabe – kleine Belohnung, große Aufgabe – große Belohnung. Selbstbelohnungen funktionieren übri-gens wie Stützräder beim Fahrradfahren: Mit der Zeit schwindet ihre Bedeutung ganz von alleine.

Tipp 65: Großzügige Gesten

Genießen Sie öfter als bisher die Freude, andere posi-tiv zu überraschen. Was bereitet Ihnen größere Freu-de, das Schenken oder das Beschenktwerden? Wel-chem von beidem fiebern Sie in der Adventszeit mehr entgegen? Ihr Motto kann entsprechend lauten: „Mir persönlich ist es nicht so wichtig, aber ich tue es *dir zuliebe* ...“

Für Sie als Neinsager zeugt es von Größe, wenn Sie in Ihrer Beziehung oder im Team mehr tun, als es Ihre Pflicht wäre. Denn in funktionierenden Beziehungen trägt jeder seinen Teil gemäß seiner Stärken bei – und wer viele Stärken hat, übernimmt naturgemäß auch viel Verantwortung und einen „bärigen" Anteil des Arbeitsaufkommens.

Der Angepasste

Das Selbstsicherheitstraining

Falls Sie zu den Angepassten gehören, fallen Sie deutlich aus dem Rahmen. Denn der außenstehende Betrachter kommt leicht zu der Ansicht, dass Sie eigentlich gar nichts aufschieben, sondern nur zu wenig Zeit haben und deshalb so vieles liegen bleibt. Doch Sie selbst wissen es besser. Sie sagen zu praktisch allem Ja und Amen, das andere an Sie herantragen und sind dadurch chronisch überlastet. Um Aufschieberitis handelt es sich, weil Sie viele jener Dinge aufschieben, an denen *Sie und Ihre Arbeitsleistung* gemessen werden beziehungsweise von denen Ihre private Lebensqualität abhängt.

Leidsätze

* „Das muss unbedingt noch heute erledigt werden!" – Das gilt in den Augen des Angepassten eigentlich für sämtliche Arbeiten, da er selten Prioritäten setzt. Einhalt gebietet ihm eigentlich nur die eigene Erschöpfung oder die Befürchtung, dass er zu Hause noch mehr Ärger bekommt, wenn er nicht bald dort auftaucht.
* „Ich komme einfach zu gar nichts!" – Dafür machen Angepasste in erster Linie die Umstände oder die Menge der Arbeit verantwortlich.
* „Mir wächst das alles über den Kopf!"

Ursachen

Dem Verhalten des Angepassten liegt ein innerer Antreiber gemäß der Transaktionsanalyse[*] zu Grunde, der da lautet: „Mach es allen recht!" und der sich in Ratlosigkeit und unermüdlichem Arbeitseifer ausdrückt. Als Angepasster haben Sie große Angst, sich bei irgendjemandem unbeliebt zu machen. Selbst

---

[*] Eine Übersicht zu den verschiedenen inneren Antreibern finden Sie im Anhang.

wenn es sich dabei um eine Person handelt, der Sie noch nie begegnet sind und auch niemals begegnen werden.

Viele Angepasste glauben zu Unrecht von sich, in ihrem Innersten „faule Hunde" zu sein. Sie sind der Überzeugung, dass sie sich zu gar nichts mehr aufraffen können, sobald sie es sich erlauben, den psychischen Druck zu reduzieren, unter den sie sich selbst setzen. Diese Grundannahme ist es wert, auf ihren Realitätsgehalt überprüft zu werden – genauso wie etwa die Überzeugung, dass Personen, denen man auf die Zehen steigt, auf der Stelle nichts mehr mit einem zu tun haben wollen.

Konsequenzen

Dem Angepassten fällt es vor lauter Pflichtgefühl leichter, bis zum Umfallen zu arbeiten, als sich eine wohlverdiente Erholungspause zu gönnen. Er hält den übrig gebliebenen Papierstoß nicht aus oder will auch noch den letzten Krümel Dreck eliminieren. Während also der Aktionist nur zeitweise unter Druck steht, stehen Sie als Angepasster unter Dauerstress. Als Angepasster erscheinen Sie wie das reinste Motivationsbündel. Wenn Sie einmal nichts zu tun haben – was so gut wie nie vorkommt –, packt Sie sofort das schlechte Gewissen. Weil Sie bei niemandem anecken möchten, sind Sie gleich in doppelter Weise arbeitsüberlastet. Einerseits sagen Sie selten Nein, andererseits bitten Sie andere nur im äußersten Notfall um Hilfe. Womöglich nehmen Sie an, dass andere ebenso wenig Nein sagen können wie Sie selbst.

Paradoxerweise gesellt sich bei Angepassten zu der gängigen Misserfolgsangst auch noch eine Erfolgsangst hinzu:

- Obwohl er sich Arbeitserfolge wünscht, befürchtet er (häufig unbewusst), tatsächlich mit der Arbeit fertig zu werden. Denn dann müsste er ja damit rechnen, in Zukunft noch mehr aufgebürdet zu bekommen.
- Außerdem hält er sich in seiner Bescheidenheit insgeheim nicht für würdig, Erfolg zu haben.

Der wichtigste Trost, den Sie als Angepasster haben, ist der, dass Sie auf das Mitgefühl Ihrer Freunde oder Kollegen zählen dürfen.

Kein Mann hat so viel zu tun, dass er nicht die Zeit hätte,
sich bei anderen darüber zu beklagen.
Robert Lembke

Vorzüge

Wenn Sie angepasst denken, arbeiten sie fleißig und sind als loyaler Mitarbeiter bei Ihren Kollegen und Ihrem Vorgesetzten sehr geschätzt und beliebt. Vielleicht werden Sie sogar irrtümlich als Workaholic eingestuft. Irrtümlich, denn Sie sind nicht süchtig nach Arbeit, sondern fürchten sich nur davor, von

Ihren Mitmenschen verstoßen zu werden, wenn Sie einmal an sich denken.

Stellen Sie sich nun folgende Fragen:

* Wen haben Sie in der Vergangenheit aus Versehen oder weil es nicht anders ging enttäuscht?
* Wie hat diese Person reagiert?
* Welchen Stellenwert hat diese Enttäuschung *heute*?
* Welche Schlüsse ziehen Sie für sich daraus?

Tipp 66: Eigener Kunde

Selbstachtung schafft Achtung!

Beginnen Sie ab sofort, sich selbst als Ihren Top-Kunden zu betrachten. Weshalb? Weil Sie mit diesem Kunden noch Ihr Leben lang zusammenarbeiten wollen. Sie dürfen sich nicht selbst verprellen oder Versprechen brechen, die Sie sich selbst gegeben haben.

Tipp 67: Begegnung

Sie möchten anderen Leuten nicht auf die Füße treten? Das ist eine gute Absicht. Aber erreichen Sie damit wirklich das, was Sie erreichen wollen? Wahrscheinlich kommt es Ihnen darauf an, den Menschen nah zu sein, die Ihnen wichtig sind. Doch wie soll jemand Nähe zu Ihnen aufbauen, wenn Sie mit Ihren

Bedürfnissen gar nicht wirklich anwesend sind? Wenn Sie Ihre Wünsche ständig den Bedürfnissen anderer unterordnen, sind Sie als Person nicht greifbar. So kann keine wirkliche Nähe entstehen. In dem Begriff Begegnung steckt „Gegner". Die Italiener sagen: „Wir streiten, *weil* wir Freunde sind." Nicht „obwohl". Wenn Sie Auseinandersetzungen austragen, die es wert sind, bleibt Ihnen mehr Energie für Ihre eigenen Aktivitäten und Sie müssen diese nicht länger aufschieben.

Tipp 68: Commitments

Während es für Neinsager nicht empfehlenswert ist, sich öffentlich zu etwas zu verpflichten, bekommt Ihnen als einem Angepassten gerade das ausgesprochen gut, da es ganz Ihre Art ist, verlässlich zu arbeiten. Den Reflex, es anderen recht zu machen, können Sie gegen sich arbeiten lassen und er kann Ihnen mit seiner Schnellkraft zugute kommen. Gehen Sie ruhig Verpflichtungen ein, zum Beispiel im Rahmen eines Jahresgesprächs mit Ihrem Vorgesetzten. Wichtig dabei ist, dass sich diese „Commitments" auf *Ihre* Ziele beziehen. Ebenso können Sie andere damit beauftragen, Sie an Ihre Ziele zu erinnern.

Tipp 69: Kein Ziel ohne Ex-Ziel

Solange Sie ohnehin ausgebucht sind, sollten Sie als Angepasster beim Aufstellen von Zielen darauf achten, dass ein neues Ziel jeweils ein altes, vom zeitlichen Aufwand her etwa gleichwertiges Ziel ablöst. Wenn Sie beispielsweise beschließen, reiten zu gehen, so überlegen Sie gleichzeitig, bei welchem anderen Hobby Sie *kürzer treten*, was Sie im Haushalt *optimieren* oder mit welchem Ihrer bisherigen Vorhaben Sie das neue Ziel kombinieren können (z.B. mit einer Freundin reiten gehen). Diese Strategie empfiehlt sich ganz besonders auch für alle Abgehobenen.

Tipp 70: Sofort entscheiden statt sofort handeln

Bleiben Sie ruhig bei Ihrer Gewohnheit, immer gleich etwas zu unternehmen. Nur sollte dieses Etwas ab jetzt vermehrt darin bestehen, dass Sie sofort *entscheiden*, was zu tun ist und wann, statt sich blindlings in die Arbeit zu stürzen. Befolgen Sie insbesondere bei der Bearbeitung der Post, E-Mails usw. das „Einmal-in-die-Hand-Prinzip". „Sofort entscheiden" kann heißen, dass Sie:

- für umfassendere Aufgaben Termine notieren (die sich von der jeweiligen Priorität und Dringlichkeit her ableiten),
- Sofortaktionen setzen (die immer dann günstig sind, wenn sie binnen fünf Minuten abgehakt

werden können. Die Erledigung geht sozusagen flotter als das Aufschreiben),

- die Informationen *sofort* weiterleiten,
- die Sache (zurück-)delegieren oder Nein sagen,
- die Informationen löschen/das Schriftstück wegwerfen.

Tipp 71: Wegwerftermin

Führen Sie nicht nur eine To-do-Liste, sondern vergeben Sie unbedingt Prioritäten für alle anstehenden Aufgaben. Ordnen Sie dann die To-do-Liste gemäß diesen Prioritäten, sodass die wichtigsten Aufgaben ganz oben stehen. Entscheidend ist nun, dass Sie die unwichtigsten Dinge mit einem Termin versehen: Wenn Sie bis zu diesem Datum nicht dazu gekommen sind, tun Sie es entweder noch an demselben Tag oder aber die Sache hat sich für Sie erledigt und wird von Ihrer To-do-Liste endgültig gestrichen. Durch diesen einfachen Kniff verhindern Sie unnötigen Ballast und überfliegen mit Ihrem Motivationsballon die höchsten Berge.

Tipp 72: Nein-Testballon

Sagen Sie einmal probeweise Nein, wenn Ihre Intuition es Ihnen sagt. Es geht hier nicht darum, dass Sie sich für etwas „zu fein" sind. Selbstachtung ist nicht gleich Hochnäsigkeit. Es geht auch nicht darum, genauestens Buch darüber zu führen, ob jeder Ihrer

Kollegen Ihnen genauso oft einen Gefallen erweist wie Sie ihm. Eine solche Rechnung stellt den Teamgeist in Frage. Demonstrieren Sie lediglich, dass Ihre Arbeitszeit denselben Wert hat wie die der anderen. Ob der Anfragende Sie respektiert, merken Sie spätestens dann, wenn er anfängt mit Ihnen zu diskutieren. Geht es ihm bloß um sich selbst? Dann lässt er Ihr Argument, dass Sie selbst bis zum Hals in Arbeit stecken oder keine Zeit haben, nicht gelten. Er möchte die Arbeit nur wie einen schwarzen Peter loswerden. Oder sind ihm – genau wie Ihnen – das Team und die gemeinsame Zielerreichung ein wichtiges Anliegen? Sollte Letzteres der Fall sein, ist es vollkommen in Ordnung, wenn Sie ihm aus der Patsche helfen.

Tipp 73: Denk-mal

Da Sie sich als Angepasster wenig Zeit zum Verschnaufen nehmen, kann es passieren, dass Sie die aufgeschobenen Aufgaben im Eifer des Gefechts einfach *vergessen*. Daher ist es so wichtig, dass Sie Möglichkeiten finden, wie Sie sich aus der Routine lösen können und vom Autopiloten auf manuellen Betrieb umschalten. Schaffen Sie sich ein Denk-mal, bei dem Sie mal denken, wann immer Sie darüber stolpern, zum Beispiel, indem Sie:

- sich selbst eine E-Mail schicken,
- einen Notizzettel aufhängen,

- Ihre To-do-Liste offen neben sich auf dem Schreibtisch liegen haben,
- die Erinnerungs-/Weckfunktion in Ihrem PC nutzen.

> **!** 20 Post-its sind keine Denkmäler mehr, sondern ein Friedhof! Deshalb sollten Sie dafür sorgen, dass sich auf Ihrem Schreibtisch nichts weiter befindet als jene Dinge, an denen Sie heute arbeiten (vgl. Wundermittel Papier). Erst dann ragen die Denkmäler tatsächlich hervor und erfüllen ihren Zweck als Erinnerungshilfen.

Endspurt

Sie kennen nun die einzelnen Mañana-Typen, deren häufigste Fehler, ihre Vorzüge und passende Praxistipps zur Bewältigung der Aufschieberitis.

Als Zusammenfassung ist folgende Aufstellung gedacht, in der sowohl die möglichen Teamrollen als auch Sündenfälle pro Aufschiebe-Typ angeführt sind.

Typ	potenzielle Team-rolle	Sündenfall
Makelloser	Qualitätsmanager	Pedanterie
Aktionist	Impulsgeber, Vorantreiber	Übereilung
Nachdenker	Planer, Problemanalytiker	Pessimismus
Abgehobener	Ideenbringer	Oberflächlichkeit
Neinsager	Moderator, Ausgleichender	Prinzipienreiterei
Angepasster	Leistungsträger	Unterwürfigkeit

Zum Abschluss hier noch ein paar Tipps, die für alle Mañana-Typen gleichermaßen gelten. Nehmen Sie sich zur Umsetzung sofort gleich einen davon vor!

Tipp 74: Aufschieben aufschieben

Jede Gewohnheit können Sie gegen oder für sich arbeiten lassen. Das lässt sich auch von der Aufschieberitis sagen. Wenn Sie nämlich das Aufschieben auf morgen vertagen, dann haben Sie gleich zweierlei erreicht. Erstens schlagen Sie die Aufschieberitis mit deren eigenen Waffen. Und zweitens nehmen Sie das Thema Aufschieberitis zwar ernst, begegnen ihm aber in lockerer Weise. Eine gesunde Portion Humor oder sogar Selbstironie ist zuweilen sehr hilfreich. Scherzen Sie mit sich: „Ach, heute bin ich nicht in der Stimmung zum Aufschieben, das ist mir viel zu anstrengend. Aber morgen schiebe ich ganz sicher wieder auf, ehrlich!"

Tipp 75: Gewohnheits-Analyse

Menschen fangen im Urlaub mit dem Joggen an, und kaum sind sie zu Hause, vergessen sie es einfach. Oder wir fallen als erwachsene Menschen in kindliche Verhaltensmuster zurück – weil wir heute auf einem Klassentreffen sind. Solche Beispiele klingen im ersten Moment deprimierend. Doch lassen sie auch eine große Chance erkennen! Das menschliche Gehirn ist zu unserem Glück in der Lage, in Abhängigkeit von der jeweiligen Situation unterschiedliche Verhaltens- und Denkgewohnheiten aufzubauen. Das bedeutet für Sie, dass Sie Gewohnheiten wie die Aufschieberitis nicht auf einen Schlag besiegen müssen, sondern sie in kleinen Schritten in Tatkraft umwandeln können, wo Sie nicht ohnehin schon tatkräftig sind.

Zu diesem Zweck werden Sie in der folgenden Übung die Aufschieberitis scheibchenweise zerlegen und sich entscheiden, mit welcher Scheibe Sie beginnen möchten. Ihre intensive Auseinandersetzung mit dem Thema Aufschieben befähigt Sie, gleich heute etwas zu Gunsten Ihrer Lebensqualität zu unternehmen.

1. Spalte: Tragen Sie, in Anlehnung an Ihre Watchlist von Seite 17, hier ein, was Sie alles aufschieben.
2. Spalte: Schätzen Sie – unter Berücksichtigung eines zeitlichen Puffers – wie viel Zeit die Sache in Anspruch nehmen würde.
3. Spalte: Überlegen Sie sich, welche Priorität der jeweiligen Aufgabe zukommt, indem Sie Buchstaben von A bis D vergeben: Wie groß wäre die Erleichterung, wenn Sie diese Aufgabe abschließen könnten, wie lange haben Sie deren Erledigung schon hinausgezögert?
4. Spalte: Welche der Strategien, die Sie kennen gelernt haben, eignet sich aus Ihrer Sicht zur Bewältigung?
5. Spalte: Wie groß ist Ihre Erfolgszuversicht – angesichts der bevorstehenden Aufgabe und der neuartigen Strategie, die Sie nun anwenden können? Welche zusätzlichen Maßnahmen können Sie ergreifen, um Ihr Selbstvertrauen noch zu stärken?

6. Spalte: Entscheiden Sie sich für jene Aufgabe, bei welcher das Zusammenspiel aus Priorität, Strategie und Zuversicht *am stimmigsten* ist (es muss nicht optimal sein). Nun legen Sie einen Erledigungstermin fest, den Sie sofort in Ihren Kalender eintragen.

In der ersten Tabellenzeile finden Sie ein Beispiel.

Aufgabe	Zeit-aufwand	Prio-rität	Strategie	Zuver-sicht	Ter-min
Projekt-Doku-mentation	4 Stunden	B	Halbherziger Anfang	groß	

Tipp 76: Erster Schritt sofort

Es gibt Gelegenheiten im Leben, die sich einem kein zweites Mal bieten. Sie bewerben sich für Ihren Traumjob bei Ihrer Traumfirma oder treffen Ihren Traummann oder Ihre Traumfrau zum ersten Rendezvous. Sie sind sich bewusst, dass es heute passiert –

oder dass Sie wahrscheinlich sehr lange oder vielleicht sogar ewig auf die nächste Gelegenheit dieser Art werden warten müssen. In solchen Situationen greifen wir zu – Augen zu und durch.

Wie viele Leben haben Sie zur Verfügung? Ist Ihnen bewusst, dass Ihr Leben noch in weit größerem Maße eine einmalige Chance darstellt als das Rendezvous? „Bewusst" heißt: Handeln Sie wirklich danach? Wenn es Ihnen bewusst ist, dann setzen Sie die ersten Schritte, sobald Sie dieses Buch zugeklappt haben. Sie brauchen es ja nicht sofort zuzuklappen. Aber wenn Sie es tun, dann nur weil Sie wissen, womit Sie als Erstes beginnen.

Wer neu anfangen will, soll es sofort tun,
denn eine überwundene Schwierigkeit vermeidet hundert neue.
Konfuzius

Tipp 77: ☺

Tipp 77 lasse ich mir gleich morgen einfallen. Großes Schweinehundehrenwort ☺!

Besuchen Sie mich ...

... unter	www.prorelatio.com
oder unter	www.selbstdisziplin.com
	www.selbstdisziplin.de
	www.selbstdisziplin.at
	www.selbstdisziplin.ch

Anhang

Auswertung von Seite 26

1. Makelloser
2. Aktionist
3. Nachdenker
4. Abgehobener
5. Neinsager
6. Angepasster

Übersicht zu den inneren Antreibern gemäß der Transaktionsanalyse

Antreiber	Negative Aspekte	Positive Aspekte
„Sei perfekt"	Angst vor Fehlern, Schuldgefühle	Gründlichkeit, Gewissenhaftigkeit
„Beeile dich!"	Hetze, Stress, Hektik, ständig in der Zukunft	Rasches Arbeiten
„Streng dich an!"	Ständig unzufrieden, geht über Grenzen	Um ständige Verbesserung bemüht, fleißig
„Mach es allen recht!"	Anbiedern, bei allen beliebt sein wollen, übertrieben nachgiebig	Verträglich, Verantwortungsgefühl
„Sei stark!"	Gefühlsunterdrückung, nimmt keine Hilfe an, gibt keine Schwächen zu	Konsequenz, Durchhaltevermögen, selbstständig

Lesetipps

Bitte sagen Sie nicht, Sie müssten noch zwei bis drei weitere Bücher über die Aufschieberitis (engl. procrastination) studieren, bevor Sie sich frisch ans Werk machen könnten. Als *begleitende* Lektüre allerdings kann ich Ihnen empfehlen:

Bruno, F. J. (1998). *Nichts mehr aufschieben.* München: Droemer-Knaur.

Burka, J. B., Yuen, L. (1983). *Procrastination: Why you do it. What to do about it.* Reading/Massachusetts: Perseus Books.

Chandler, Steve (2000). *17 Lies that are holding you back and the truth that will set you free.* Los Angeles: Renaissance Books.

Dryden, Windy (2000). *Overcoming procrastination.* London: Sheldon Press.

Ellis, A. (1979). *Overcoming procrastination.* New York: Penguin Books.

Emmett, Rita (2000). *The procrastinator's handbook: Mastering the art of doing it now.* New York: Walker & Company.

Fiore, N. (1989). *The now habit.* New York: Penguin Books.

Hellmann, A. (2001). *Disziplin für Faule: oder Wie man es trotzdem schafft.* Landsberg/München: mvgVerlag

Knaus, W. (1998). *Do it now!: Break the procrastination habit.* New York: John Wiley & Sons.

Münchhausen, M. (2002). *So zähmen Sie Ihren inneren Schweinehund. Vom ärgsten Feind zum besten Freund.* Frankfurt/Main: Campus.

Newcombe, J., Newcombe, K. (1999). *I'll do it tomorrow: How to stop putting it off and get it done today.* Nashville/Tennessee: Broadman and Holman Publishers.

Rückert, H.-W. (2000). *Schluss mit dem ewigen Aufschieben: Wie Sie umsetzen, was Sie sich vornehmen.* Frankfurt/Main: Campus.

Sapadin, L., Maguire, J. (1999). *Beat procrastination and make the grade: Six styles of procrastination and how students can overcome them.* New York: Penguin Books.

Stollreiter, M., Völgyfy, J., Jencius, T. (2000). *Stress-Management – Das WAAGE-Programm®: Mehr Erfolg mit weniger Stress.* Weinheim: Beltz.

Stollreiter, M., Völgyfy, J. (2001). *Selbstdisziplin. Handeln statt aufschieben.* Offenbach: Gabal.

Stichwortverzeichnis

144